人類文明小百科

Les Romains

羅馬人

GILLES FEYEL
MARTINE BESNIER　著

黃天海　譯

三民書局

Crédits photographiques

Couverture : p. 1 au premier plan, Auguste, musée du Vatican à Rome, © E. Lessing/Magnum ; à l'arrière-plan, La villa romaine, Bonn, Rheinisches Landesmuseum ; p. 4 Un porte-enseigne, R. G. M., Mayence.

Ouvertures de parties et folios : pp. 4-5 Tarquinia, tombe aux léopards, © archiv für kunst und geschichte, Berlin ; pp. 16-17 Ara Pacis Augustae, Rome, Scala ; pp. 28-29 Rheinisches Landesmuseum, Bonn ; pp. 76-77 Bayer, Staats bibliotek.

Pages intérieures : p. 6 musée de civilisation romaine viie , Rome, © Dagli Orti ; p. 7 musée du Louvre, Paris, © Josse ; p. 8 musée du Capitole, Rome, © Dagli Orti ; p. 10 Louvre, RMN ; p. 12 Staatl. Museen zu Berlin, Jürgen Liepe ; p. 13 BN Paris, p. 15 © RMN - M. Chuzeville ; p. 18 Rome, Vatican, © Erich Lessing/Magnum ; p. 19 BN Paris, © Hachette ; p. 20 musée du Louvre, © Hubert Josse ; p. 21 Musée national des Thermes, Rome, © Dagli Orti ; p. 22 © RMN - D. Arnaudet ; p. 23 © Brake/Rapho ; pp. 24-25 musée national d'Histoire de Bucarest, © Dagli Orti ; p. 30 Rheinisches Landesmuseum, Bonn ; p. 31 Antikenmuseum, Berlin, © Ingrid Geske ; p. 34 © Giraudon ; p. 35 © Gallimard - L'univers des formes ; p. 36 haut : cl. CNRS/DRASM ; p. 36 bas : musée lapidaire, Avignon, © Dagli Orti ; p. 38 © RMN ; p. 39 musée archéologique de Dijon ; p. 40 © Dagli Orti ; p. 41 haut : © Artephot/Nimatallah ; bas : musée naval de Madrid, © Dagli Orti ; p. 45 museo della Civilta' Romana, Rome, © Scala. p. 46 musée national de Naples, © Scala ; p. 47 haut : musée national de Rome, © Artephot/Nimatallah ; bas : © Hachette ; p. 50 musée civilisation romaine, Rome, © Dagli Orti ; p. 51 © Erich Lessing/Magnum ; p. 52 Musée du Vatican, cl. Hachette ; p. 53 haut : musée d'Ostie, © Erich Lessing/Magnum ; bas : Musée Torlonia, Rome, © Dagli Orti ; pp. 54-56-57 musée du Louvre, © Hubert Josse ; p. 55 © Alinari/Giraudon ; p. 58 Piazza armerina, Sicile, © Dagli Orti ; p. 60 Ségovie, Espagne, © Dagli Orti ; p. 61 haut : © Artephot-Nimatallah ; bas : Jean Burdy ; p. 62 haut : © G. Blot/RMN ; milieu : musée des antiquités nationales, Saint Germain en Laye ; © Dagli Orti ; bas : © Artephot/Held ; p. 63 © Artephot/Held ; p. 64 musée de la civilisation gallo-romaine de Lyon, © Dagli Orti ; p. 66 haut : musée du Louvre, © CFL Giraudon, Paris ; bas : © Gallimard, L'univers des formes ; p. 67© Archiv für kunst und geschichte, Berlin ; p. 68-69 musée départemental de Rouen, © François Dugué ; pp. 70-71 © Dagli Orti ; p. 72 : © Brake/Rapho ; 73 : Artephot/Trela ; p. 74 © Artephot-Oronoz ; p. 75 © Mopy/Rapho ; pp. 76-77 Staats bibliotek, © Bayer ; pp. 78-79 © Scala ; p. 80 RGM de Mayence ; pp. 81-82 © Dagli Orti ; p. 84 musée Pio Cristiano, Vatican, © Scala p. 85 Daniel Martin ; Fond pp. 86 à 91 musée de la civilisation romaine, Rome, © Scala ; p. 86 © Dagli Orti ; p. 88 J. Plumier.

Couverture (conception-réalisation) : Jérôme Faucheux.
Intérieur (conception-maquette) : Marie-Christine Carini.
Intérieur (mise en page) : Sylvain Robin.
Réalisation PAO : Calliope.
Illustrations : Jean-Noël Rochut, Yves Beaujard.
Cartographie : Hachette Classiques.

目

次

帝國的起源

羅馬城興建之前

拉丁姆：平原與高原

羅馬雖曾稱霸世界，但最初只不過是個微不足道的小地方。在這片稱為「拉丁姆」的平原與高地上，羅馬城就興建在臺伯河畔。拉丁姆被難以跨越的亞平寧群山所環抱，面臨的地中海海岸也沒有避風的良港，中部隆起的是阿爾巴諾山古老的火山群，另一部分則是經常被雨水淹沒的沼澤平原，以及山巒起伏、河谷交錯的廣大高原。

骨灰甕

這個用陶土燒製的骨灰甕做成棚屋狀，圓壁上鋪著一層層的黏土，頂部交叉的木條則支撐著棚屋的頂蓋，頂蓋上開了一個孔來排放燃燒產生的煙。

6

帝國的起源

一塊已有人居住的土地

羅馬這塊地方從公元前14世紀起就有人居住了，從巴拉丁丘和卡皮托利尼丘*的山腳挖掘出的陶器碎片證實了這一點。住在山坡上的牧羊人將死者的遺骸放入一種棚屋狀的骨灰甕中，葬在公共廣場*的墓地上（公元前1000–800年左右），公元前五世紀起流傳的埃萬德爾和艾芮的傳說便保存著這個早期職業的記錄。而希臘邁錫尼的航海商人也隨著旅行將陶器帶到義大利沿海各處，今天考古學家發現的陶器碎片便提供了這方面的證據。

註：帶星號*的字可在書後的「小小詞庫」中找到。

埃萬德爾和艾芮的傳說

特洛伊戰爭之前的幾年，希臘人埃萬德爾在巴蘭提亞（即羅馬）定居下來，並把法律、文字和某些希臘神的崇拜儀式傳授給當地的居民。特洛伊城陷落後，艾芮背著年事已高又失明癱瘓的父親安許逃出城，經過漫長而艱辛的航行，終於和同伴在臺伯河河口登陸；他娶了拉丁努斯國王的女兒拉薇妮亞為妻，建立拉維尼烏姆，並稱他的人民為拉丁人；後來，他在贏得許多勝利後就神祕地失蹤了。

住在棚屋裡的農人

居住在拉丁姆的人們，是以部落形式環繞著許多小鎮而居的農業民族；這些小鎮中最重要的是阿爾貝，居於領導地位。這裡的農民以耕種維生，同時還飼養一些牲畜，並用沿海森林的木材建築棚屋。這些講拉丁語的民族相信人會死而復生，於是他們把屍體放在柴堆上焚燒，並在周圍放上豆類、小麥、大麥或黑麥草，然後再把骨灰放入類似他們居住的棚屋的骨灰甕，裡面還裝滿各種不同的物品：婦女放入黃金或青銅製的衿針*，男人則放入武器，有時候還用陶土做成死者的小型塑像。

艾芮與安許

這個公元前六世紀的希臘器皿上的圖案，表現出艾芮背著父親安許逃離被希臘人攻陷的特洛伊城時的情景。

7

帝國的起源

羅馬的誕生

羅馬的母狼
（青銅製，藏於收藏者博物館）

這個塑像可能是一位坎帕尼亞人或希臘移民的作品。奪取阿爾巴·隆·加王位的篡位者將名叫羅慕路斯和雷穆斯的兩個嬰兒丟在臺伯河裡，一頭母狼用乳哺育他們，直到牧人發現他們。

不足誇耀的起源

在這樣的繁榮中，羅馬的創立並不引人注目。羅馬城位於拉丁姆北面一塊偏僻的小地方，那裡有兩條交叉的道路，一條使伊特拉士坎的商人可以向南方的民族銷售商品，另一條則是向東的鹽道，路的東面是一塊群山環抱、易於防守的沼澤地，牧羊人就是在這裡建立起羅馬城！公元前七世紀時，城市已初具雛形。這種起源雖微不足道，在傳說中卻成了輝煌的歷史，不過它至少說明了羅馬創建於公元前753年。

8

帝國的起源

臺伯河
巴拉丁丘

薩拉里亞大道

北

居里納爾山

維明納爾山

西斯皮宇斯

大克托利丘

臺伯里寧島

羅馬尼姆
公共廣場

法居塔爾

艾斯居倫山

蘇布里西宇斯橋

維里亞

奧皮宇斯

博亞里
宇姆公共廣場

巴拉丁丘

嘉尼庫勒山

西里宇斯山

坎帕繞大道(往奧斯帝亞)

臺伯河

亞凡丁山

500 m

● 公元前八世紀前有人居住
的地點

├┼┼┤「薩爾維宇斯·圖里宇斯」
城牆

⋯⋯⋯ 羅基勒宇姆祭祀空地的假
設輪廓

拉丁人的財富

拉丁農民因為貿易和戰爭而與鄰近的民族展
開密切的往來；他們的北邊生活著伊特拉士
坎人與莎賓人，南方則有居住在義大利海岸
山地的希臘人。在與這些人的接觸中，拉丁
人學會製作一種非常精緻的陶器，並且改進
了青銅器的製造技術。其中有些人因而變得
非常富有和強大，這些領主下葬時往往伴有
大量的陪葬品。在挖掘出的一個公主墓中，
我們不禁感到驚訝：這位戴上她全部首飾的
貴婦行動時一定很不方便！有些重要人物甚
至還拿金銀和青銅器陪葬！

　　農村的小鎮也正是在這個時候組織發展
成真正的城市。

七丘上的羅馬城

許多跡象讓考古學家相
信，巴拉丁丘就是當初
創建羅馬的地方。在巴
拉丁丘西南部發掘出的
一堵泥牆和木牆，以及
許多牧羊人棚屋的地
基，都可以追溯到公元
前八世紀。

9

帝國的起源

羅馬的伊特拉士坎國王（公元前620–509年）

何謂伊特拉士坎人？

學者們至今仍無法解讀伊特拉士坎人的語言，也不知道他們的祖先來自何方。他們是否因饑荒而從小亞細亞逃到這裡？或者他們是那些在拉丁人和其他印歐民族之前就在義大利地區生活的最早居民的後代？伊特拉士坎人善於耕種，會開鑿「地下溝渠」來解決土地浸水的問題，有些人還在礦坑裡辛苦開採含銀的鉛、錫、銅、鐵，銷往義大利各地，甚至整個地中海地區。那些有幸成為領主的人，簇擁著國王住在城市裡，統治像奴隸一樣做工的手工匠，這些手工匠的鋪子製造出許多精細的黑陶器皿、首飾和武器。伊特拉

夫妻棺

（以土燒製，源自塞雷古城，公元前525–500年）

這是一對已故的夫妻躺在床上的塑像。這個伊特拉士坎人的典型作品影響了羅馬的喪葬雕塑（藏於羅浮宮博物館）。

10

帝國的起源

士坎人有虔誠的宗教信仰，他們相信眾神不斷地在干預自己的生活。他們很尊重婦女，有錢人會在地下為妻室建造雕樑畫棟的華麗墓室。

征服的民族

公元前七世紀末，伊特拉士坎人聯合起來統一了南北各地區，並在羅馬立王、分封領主；羅馬因而成為一座外層有石板牆護衛、四周被總長十公里的土堤所環繞的大城。國王們將所有的外國商人和工匠都召到羅馬，參與大規模的都市化工程。伊特拉士坎人、希臘人和腓尼基人全都跑到羅馬來！羅馬的公共廣場*上建造了一整套的地下排水系統，匯流到一條巨大的下水道。伊特拉士坎的建築師還修築了漂亮的石屋，重新規劃廣場，並且建起神殿來供奉他們帶給羅馬人的諸神，其中又以卡皮托利神殿、朱彼特神殿、朱諾神殿和敏娜娃*神殿最為人所崇拜，希臘工匠也用陶土燒製塑像來裝飾神殿。國王相當厚待工匠和商人這個平民階層，不過，羅馬的貴族*卻對此非常不滿，這些氏族的首領拒絕和國王招收進來的新貴們在元老院*並肩而坐；於是，他們起來反抗，放逐了最後一任的國王，羅馬歷史也就從公元前 509 年起進入共和時代*。

伊特拉士坎時期的義大利

公元前六世紀末，伊特拉士坎人在各宗主城的計畫下占領了一些新的地區。羅馬就是在伊特拉士坎人的統治下成為一個真正的城市。

11

帝國的起源

羅馬的共和時代

凱撒*

（綠玄武岩石雕）

凱撒出生於約公元前
101年一個屬儒略氏族*
的顯赫家族，他自稱為
艾芮的小兒子儒略斯的
後代，也是羅馬的第三
任國王安庫斯‧馬西烏
斯的後代。公元前58年，
凱撒出任高盧和那彭省
的總督，並於公元前52
年征服高盧。後來在公
元前44年被人謀殺。

12

帝國的起源

榮耀的國家元首

古代的國王像神一樣高高在上，他們頭戴王
冠，手持權杖，身穿有色托加*，坐著戰車巡
視羅馬。他們有權坐象牙椅*，由手持束棒的
侍從官*簇擁著。但這些既是國王又是祭司的
人們在未得到眾神和人民的同意之前並不能
任意行使權力，必須先祈問神意，然後由聚
會的人民歡呼來通過授與國王「帝權*」的全
部權力。帝權所有者有權以鳥占來解釋朱彼
特的意願，而且也要徵集和指揮軍隊、決定

賦稅、主持司法審判並且執行判決。帝權在共和時代*則由百人團民會*每年選舉出的兩名執政官和六名行政長官來行使。我們不難想像當時情形的威嚴盛大：國民在練兵場（馬斯廣場）上集會，號角齊鳴，紅旗升起；民眾做完祈禱後就進入一個四周都是柵欄的地方，並依據財富多寡重新組合成196個百人團*，這些人只能從一座橋出來，橋上會站著收取選票的人；於是，百人團從最富有的人開始逐一投票，過半數後選舉就馬上結束。因此，最貧窮的人事實上是很少真正參與選舉的。兩位執政官上任的那天，身穿艷麗的托加，在過去那種帝王式的榮耀中，取鳥占來解釋神兆，然後又在侍從官和民眾的簇擁下，登上卡皮托利尼丘*，向朱彼特神獻祭，接著還會召開接替以前王政時代樞密院地位的元老院*會議，重新整編上一屆的行政官員和監察官審查後認可的平民。數天之後，這些執政官和行政長官就要接受由庫里亞民會*投票通過的最高統治權。

凱撒錢幣*

這枚刻有CAESAR（凱撒）字樣的錢幣，除了有貨幣價值外，更有宣揚權力的作用。它向人們昭示凱撒對高盧的征服，那些軍號和高盧人的武器都成了戰利品，高盧人的腳也被鐵鍊綁住。

13

帝國的起源

軍隊與征服

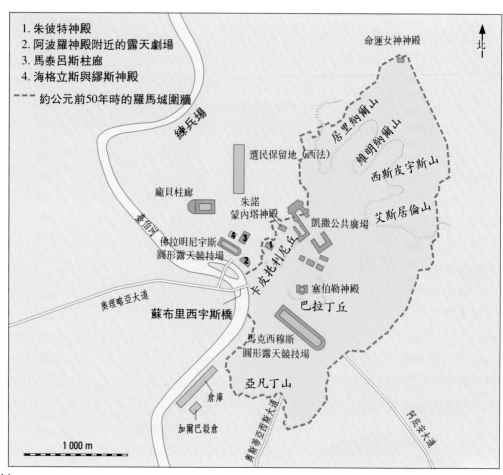

1. 朱彼特神殿
2. 阿波羅神殿附近的露天劇場
3. 馬泰呂斯柱廊
4. 海格立斯與繆斯神殿
- - - 約公元前50年時的羅馬城圍牆

命運女神神殿

北

練兵場

選民保留地（西法）

龐貝柱廊

朱諾
蒙內塔神殿

凱撒公共廣場

居里鈉爾山

維明鈉爾山

西斯皮宇斯山

艾斯居倫山

臺伯河

佛拉明尼宇斯
圓形露天競技場

卡庇托利尼丘

塞伯勒神殿

奧理略亞大道

蘇布里西宇斯橋

馬克西穆斯
圓形露天競技場

巴拉丁丘

亞凡丁山

阿庇亞大道

倉庫

加爾巴穀倉

奧斯蒂亞西城大道

1 000 m

14

共和時代的羅馬

這時建造了不少公共和
宗教建築。

帝國的起源

保衛國家

羅馬帝國*是在戰爭中建立起來的。羅馬軍隊
先是保衛國家，然後又征服了整個廣大的帝
國，並盡力保護它不受蠻族的侵犯。羅馬軍
隊一千多年來不斷地改造自己，以適應各種
不同的任務。

徵召來的軍隊

在共和時代，年齡在 17–60 歲之間的公民都要服兵役，不過窮人則不適用此一規定。最初，士兵被徵召來只是為了參加某一場戰役，後來，元老院*決定實施「徵兵制」。由執政官挑選軍人，應召入伍者被編成四個軍團，發誓效忠將軍。作戰時，每個軍團派出30個支隊*排列成梅花形來抵禦敵人的進攻，新兵（先鋒部隊）排在第一排，第二排是由老兵組成的「主力部隊」，第三排則是「精銳部隊」。全體的軍士都拿著盾牌自衛。

公元前225年，羅馬聯合所有的義大利同盟，徵召了273000名羅馬人，募得21萬個有作戰能力的士兵。公元前216年時，坎尼的漢尼拔*只召集到5萬人。在後來的內戰時期，奧古斯都*大帝曾擁有多達50萬名的人馬！

職業軍隊

那些在軍隊中服役的富裕公民因為戰爭而破產。馬留斯*從公元前二世紀末開始招收無產者入伍，其中大部分是外省來的農民。以這些志願入伍者為主力組成的軍團*計有6000人，編成10個步兵大隊*。士兵們每天可領到900公克的小麥，以及酒、肉、鹽等生活必需品。士兵們的軍餉很低，主要是靠戰利品發財。從軍20年後就成為養老兵，可以得到一筆錢或一塊土地。

**阿赫諾巴布斯
的淺浮雕**

（公元前110年，
馬留斯改革前）

每隔五年都要進行一次對國民人口和財產的登記調查。人民先發誓所言屬實，然後再由書記員記錄申報內容。根據這些記錄將國民編入五個等級的軍隊。

15

帝國的起源

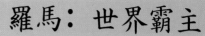

羅馬：世界霸主

皇帝

奧古斯都*

這是在羅馬附近的普力馬波塔發現的一尊雕塑。奧古斯都面容英俊，身高172公分。身為軍事統帥的他身穿護胸甲和大紅*袍，並常以衿針*或別針將袍子扣在肩上。

羅馬：世界霸主

皇帝的稱號

公元前一世紀，羅馬陷入內戰。公元前29年，屋大維創建羅馬帝國，由他自封的那些稱號，我們可以看出他握有的統治權的性質。他的紀念碑上都尊稱他為「皇帝」或「凱旋大將軍」，這意味了他掌握著帝權*，身為全體羅馬軍隊軍事統帥的他也毫不猶豫地走在軍團的前面；他號稱「奧古斯都」（這是神的稱號），為整個羅馬世界所尊敬；他是大祭司長，也是首席元老院議員；另外，擔任護民官的屋大維還可以行使否決權來反對元老院*的決定。

當這位凱撒的養子奧古斯都收養蒂貝爾時，就已選定他為羅馬皇帝的繼承人。後來的羅馬皇帝都承襲了他的稱號，也依慣例選養子為繼承人。

在羅馬城內的皇帝

皇帝在巴拉丁丘的羅馬城裡，在眾官員的協助下治理帝國，各種政令、報告和消息則往返於羅馬城和各行省之間。皇帝為了在人民面前露面而出席觀看競技，他只有在征戰或去坎帕尼亞休假時才會離開羅馬城。

法國浮雕

（瑪瑙製，公元前一世紀左右）

這個浮雕有三個層次。最上層是神話中的人物，中間是帝國宮廷內的一景，底層是被囚禁的蠻族。

19

羅馬：世界霸主

羅馬諸神

羅馬：世界霸主

腸卜僧

（公元前二世紀）

在卡皮托利尼丘上的朱彼特神殿前，祭司用斧頭宰殺一頭公牛獻祭，腸卜僧則察看祭牲的內臟。

20

羅馬人真的相信皇帝是神嗎？大多數人認為這些成就非凡的人的確具有某些神聖之處！

隱晦的神明旨意

羅馬人為了尊重神所制定的世界秩序，做任何事情前都會詢問神的意願。

占卜官利用鳥占來觀察朱彼特所顯示的神兆。他們用一根頂端彎曲的「曲棒」，在空中或地上劃定一個空間，觀察鳥在那裡的飛行與跳躍。

腸卜僧則根據祭牲內臟（尤其是肝臟）的方位來確定朱彼特是贊成還是反對。這種做法源自伊特拉士坎人。

羅馬將軍在開戰前或作戰時都會利用鳥占來詢問神的意願，這些聖鳥會顯示神的答覆：如果聖鳥胃口好，就表示朱彼特是贊成的！

眾多的神

羅馬的神將近有三千位之多！不過，眾神是各行其道的。庫尼那保護嬰兒的搖籃，斯塔圖里努斯教他走路，阿比奧那和阿狄奧那則告訴他什麼叫去和來等等。這些神和女神們都有獨特的個性和無比的權力。卡皮托利尼丘*上供奉的是朱彼特、朱諾和敏娜娃*。門神最為奇特，他的兩副臉孔可以同時看到過去和未來，他同時也是光明之神和初始之神，人們在一年的開端向他獻祭，所以他的名字在拉丁語中演變為「一月」的意思。羅馬城就像一個家一樣也有自己的火爐，由七個供奉女灶神的貞女負責照管公共廣場*附近女灶神神殿中的爐火，使它燃燒不熄。這些貞女必須過著三十年與世隔絕的生活，如果她們忘記自己已經獻身給女灶神，就會被活埋！

　　皇帝死後封神，加入神的行列。所有羅馬公民都要宣誓崇拜羅馬和羅馬皇帝。羅馬人認為是神賜給他們和平與勝利。只有猶太人和崇尚聖經的基督徒才拒絕宣誓信仰羅馬的神，也不願意將羅馬及羅馬皇帝看作神。

21

身穿大祭司服的奧古斯都*

奧古斯都就是大祭司長，他的頭用托加的一角蓋住，在只有祭司才有權進入的神殿內履行宗教職責。

羅馬：世界霸主

羅馬人的策略

騎士的裝備

（出土於夏斯納（阿利埃），約公元前40年）
這些裝備包括一個現在只剩下臉甲的頭盔、一條腰帶、一個碗碟、一只箱子，以及洗澡時擦洗皮膚的用具……

羅馬人的策略

外交與軍事力量是羅馬贏得勝利的主要武器，每一次征服都經過長期的精心策劃。

羅馬皇帝首先與部落的首領建立友好往來，和他們結成聯盟並發展貿易關係。這些部落首領則拿兒子作人質，以擔保自己的忠誠。他們的兒子在羅馬受教育，學習羅馬的語言、法律和風俗習慣。

羅馬人建立這麼一個巨大的帝國，靠的不僅僅是30個國民軍團。奧古斯都*創建了一支長期性的軍隊，召募來的士兵領有薪餉且須服役30年，駐紮在行省或邊境的軍營裡。

22

羅馬：世界霸主

一個擁有十個步兵大隊*和一個騎兵分隊的軍團共計約6000人。步兵大隊是羅馬軍團的作戰主體，約有480人。

嚴格訓練的士兵奉命到行省各地去鎮壓對於帝國權威的反叛和不滿。

士兵們修築道路，以利軍團和皇帝驛站的迅速調遣。在征服的土地上則推行羅馬的生活方式來達成羅馬化。從帝國的一端到另一端，說的都是同一種語言——拉丁語。

羅馬人統治著從大不列顛到波斯灣的廣大疆域。

哈德良長城

（約公元前122年開始興建，哈德良皇帝統治時期〔公元前117-138年〕完成）這座長城從北海到愛爾蘭海，全長112公里，主要用於控制各部落的活動。

23

羅馬：世界霸主

羅馬人的戰術

圖拉真圓柱上雕刻著圖拉真 * 皇帝兩次攻打達西亞人的故事。以下是這兩次戰役的幾個故事。

邊防線*上的備戰和守夜

在多瑙河邊境有用土牆築成的防線，上面並建有木造的堡壘。羅馬士兵登上防線上的崗哨，夜晚點火把照明，以保護羅馬軍隊準備攻打達西亞人用的糧草。那些好戰的達西亞人居住在多瑙河的北邊，常常越過多瑙河侵擾羅馬行省。

羅馬軍團*跨越多瑙河

101 年春，羅馬軍團在某日拂曉踩著士兵們數日之內搭建起來的大浮橋跨越多瑙河。步兵大隊的旗手帶隊跨過浮橋，他們穿著沙沙作響的護胸甲，手持長盾，頭盔則繫在腰帶上。

24

羅馬軍團渡過多瑙河

羅馬：世界霸主

軍事會議

一渡過多瑙河，圖拉真皇帝便召開了一次軍事會議。圖拉真坐在主席的位子上，左右是兩位最親近的將軍，他們都穿著護胸甲和只有皇帝或統帥才能穿的戰袍。

建造軍營

101年這場艱苦的戰役並未能征服達西亞人。102年的春天又重新展開攻勢！羅馬軍士用籮筐運土，背著建造堡壘圍牆要用的磚頭，在達西亞人的首都附近築起堅固的軍營，以抵抗達西亞人的襲擊。

艱辛的攻戰

羅馬軍團*圍攻達西亞人的都城。在其中一次進攻中，羅馬人逼近達西亞人的防禦工事，他們舉起盾牌組成龜甲形的掩蔽陣線，以抵擋達西亞人投來的彈丸。經過三個回合的戰鬥，達西亞王戴凱巴路請求休戰談和，圖拉真*也同意。

一場全面的戰爭

但是戴凱巴路不尊重和平，又再次點燃戰火！105年，圖拉真增援遭達西亞人攻擊的羅馬駐防部隊，再次出兵達西亞。他斷絕達西亞人的糧草，並補給羅馬軍隊人員和軍需品，因為這時已有大量的羅馬士兵陣亡。戴凱巴路被圍困在都城內，最後戰敗自殺。

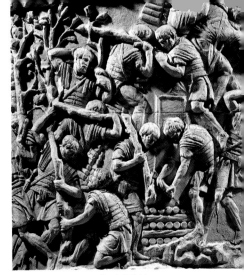

建造軍營

戰利品

達西亞人戰敗繳械。羅馬人的這些戰利品宣示了達西亞人的屈服。

羅馬：世界霸主

26

羅馬：世界霸主

凱旋

27

征 戰歸來的軍隊
走過象徵勝利
的拱門，進入城市或公
共廣場。人們相信神奇
的拱門可以使戰士卸下
所具有的破壞力。

皇帝的凱旋車走在前
面，後面跟著長長的戰
敗者隊伍。羅馬人看到
了被鐵鍊鎖住的韋辛格
托里克斯、芝諾比女王
以及裝扮成兵士的哥德

婦女。羅馬人展示戰敗
者所繳交的武器以及祭
祀用的牲畜，則是為了
表達對勝利之神的感
謝。

羅馬：世界霸主

30

城市與鄉村

一座羅馬別墅

（壁畫）

這座日耳曼式的別墅位於一大片領地的中央，由兩座方形樓房和一條連接兩房的走廊所組成。

財富萬歲！

主人住在城裡，有時也會到鮮花盛開的美麗城中別墅去度假。他很少住在鄉村的農莊別墅裡。但像龐貝附近的波斯克利爾別墅中，總是會為主人準備一套房間。

這座公元前一世紀時的波斯克利爾別墅位於一塊25公頃的領地上，其中14公頃種滿了葡萄，其餘則種著油橄欖、小麥、蔬菜和果樹。有許多奴隸在農莊裡耕種，有的在晚上還用鐵鍊鎖住。農莊每年可生產 93800 升的葡萄酒。賣油每年約可得20萬古錢*，淨賺3萬。同一時期的龐貝城中，一個擁有一名奴隸的中等三口之家，每年食用的麵包、奶酪、酒、蔬菜以及食用油共需花費將近2300古錢。然而，這筆錢和羅馬元老院議員的財富相比，根本算不了什麼！公元前一世紀時，西塞羅的土地估計就值1300萬古錢，克拉蘇的更值2億之多！

佃農

大規模的農業生產在公元一世紀和二世紀中不斷發展，小型的開墾也漸漸擴展開來。地主們認為奴隸的生產效率太低，跟不上發展的速度，於是就把領土分成小塊，租給佃農耕種。

　　皇帝將大塊的農地讓給大領主，其中的一部分由奴隸去開墾耕種，其餘的土地則分給佃農，這些佃農要繳納租金，並在大領主的土地上辛勤耕種。

德國希爾德斯海姆的寶物

這套公元前54年到公元前68年間入土的物品包括一個附桌面的三腳架，上面放著一只盛水盤和一把水壺。

城市與鄉村

城市與鄉村

一座大別墅

這 座大型的羅馬別墅由兩個不同的部分組成：保留給富有地主的部分和農業生產用的部分。地主並不是長年住在別墅裡，

他不在的時候則由一位管家來指揮生產並監督奴隸勞動。有的奴隸晚上會用鐵鍊鎖住以防他們逃跑。別墅裡的設施包括了牲口棚，有時還有魚池、搾油坊、酒窖、磨坊、爐灶和蓄水池等等。

農莊裡永遠有做不完的工作！除了耕田、播種、收割，還要收藏、運送和出售收穫的莊稼。雙耳尖底甕裡盛滿了酒、油、魚露還有各種水果。

城市與鄉村

農業

磨坊

一匹馬拉著磨的上半部轉動，下半部則是固定不動的。

城市與鄉村

漫長而繁重的勞動

羅馬的農民即使在休耕的土地上也須終年忙碌，不斷用牛拉的擺杆步犁在淺壟間耕作。春耕時要鬆土，開始第一次翻耕，到六月時再作第二次橫向翻耕，並進一步打碎田裡的土塊。秋天則開始播種，並再翻耕一遍以掩埋種子。之後還要用柳條耙整平土地以及挖壟溝來排放秋天和春天暴雨的積水。接著又要再翻一次土。五月時還得除草耘田。最後收割的季節終於到了！八月時，收割者手抓著麥穗，再用鐮刀割斷麥稈。農民們為了打下麥粒，用牛拉的拖車碾壓麥穗，或者用槤枷打麥；接下來再利用簸箕來篩，就可以分開麥粒和麥草了。

給土地施肥！

雖然休耕使土地每耕種一年就可以休息一年，不過，這仍是不夠的，還得為養分已經耗盡的土壤施肥。最常見的方法是用割下的麥稈鋪在牲口圈欄裡，然後再把收集到的廄肥在翻耕時撒在田地上。土地的休耕常和蔬菜（如菜豆、蠶豆）或飼料作物（如巢菜、

羽扇豆）的種植交替進行，不僅是人和牲畜可因此受益，土地也同時獲得了養分！農民在年終最後一次收割時，會把羽扇豆留在地上，然後再翻耕土地，將這種綠肥埋入土壤裡。有的農民播種前甚至會把麥粒放在硝石溶液裡浸泡一晚，也就是說，他們已經發明了化學肥料！

播種

（公元前三世紀左右的
馬賽克鑲嵌圖）

小麥是羅馬人的主食。圖中一人播撒麥種，另一人驅牛翻耕土地，埋下種子。

飢餓的羅馬！

公元前二世紀左右，義大利生產的小麥約占義大利人總消費量的80％，不過依然無法養活羅馬城內眾多的人口。奧古斯都*時期的羅馬就大約有 100 萬個居民！富饒的非洲、埃及和西西里每年約要提供50萬噸的小麥，才能養活如此龐大的人口。根據收成的好壞，小麥自由買賣的價格可由一到十古錢不等。

35

城市與鄉村

令人驚嘆的葡萄園

在近三個世紀中（約公元前二世紀到公元一世紀），葡萄的種植在義大利人的領地上非常盛行。葡萄分行栽種，行距或大或小，攀緣著支撐在油橄欖樹枝上的棚架生長。葡萄樹和油橄欖樹間又種有小麥，同一塊土地上可同時種植三種作物。無論葡萄園的養護工作要求多麼精細，一個奴隸也就足夠照看兩公頃的葡萄園地，並經常修剪枝蔓了。

如何榨葡萄汁？

將採收下來的葡萄放在用支架支撐的矩形槽裡用力踩壓，壓出的葡萄汁會從側面的孔裡流出，並匯集到一個小溝裡。把剩下的葡萄渣從擠壓槽裡取出，裝進籮筐，再放入壓榨機內。波斯克利爾別墅就有兩臺這樣的壓榨機：有根支撐在牆壁框架上的槓桿，好用來壓榨已預先放在平臺上、裝滿在籮筐裡的葡萄渣；以絞繩與槓桿相連的絞盤，則提供了榨乾葡萄渣所需的動力。波斯克利爾別墅裡還做了一條溝槽，使葡萄汁可以順著溝槽流

裝油的雙耳尖底甕*
這種雙耳尖底甕用來盛放和運送酒、油及魚露（用各式各樣的魚腐爛後做成的鹽鹵）等。

城市與鄉村

入酒窖，那兒有84個巨大的甕被埋入地底以保持恆溫，有些奴隸負責把精煉過的樹脂塗在每一個甕上，然後由另一些奴隸在甕裡裝滿葡萄汁，再暴露在空氣中，直到葡萄汁開始發酵，接下來就從甕裡舀出準備出售的葡萄酒，倒入塗過樹脂的雙耳尖底甕*裡，再用軟木塞封口。當時的羅馬人口味非常奇特，他們喜歡煮過的酒，還酷愛添加香料的酒。他們會把大理石粉末或石膏泡在酒裡，或者用蜂蜜甚至香水泡酒！

二世紀左右，從波爾多附近、隆河沿岸直到勃艮第都種植著葡萄。到了三世紀時，葡萄的種植已經遍布了莫色耳河流域。高盧人學會如何使這種地中海地區的植物適應更為寒冷、潮濕的氣候；不過，這並非輕而易舉的事，春寒時，他們必須奔跑著去點燃葡萄園中的麥草堆。

貧困的義大利！

公元前二世紀末左右，義大利將生產的酒類銷售到所有被羅馬征服的國家，龐貝的葡萄種植者把酒賣到馬賽和那彭，在高盧地區甚至遠至亞列西亞和波爾多都能看到他們的酒甕。兩個世紀後，這些行省也開始產酒，便較少向義大利買酒了。大約二世紀時，義大利日漸貧困，無法再生產足量的酒，只好向外購買！

37

拉縴

（浮雕，約三世紀時）
這兩個人拉著小船，船上載著兩個裝滿酒的酒桶，有時裝的則是有益健康的泉水。

城市與鄉村

工業與大宗買賣

有印紋的陶器

這些有印紋的陶器是高盧中部地區的工作坊生產的。高盧人的產品很快便取代了義大利人的產品。這些陶器上蓋有各種印紋作為裝飾。

城市與鄉村

在鄉村與城市

從公元前二世紀開始，大地主們就在自己的領地上建立工作坊，強迫奴隸在工作坊裡做工，他們要生產樹脂、加工羊毛（縮絨、紡紗、織造）、鞣製皮革、燒石灰窯、磚窯以及加工陶器等等。城裡的手工業者還要製作鐵器和玻璃製品。就舉陶器製作這個例子來具體說明：義大利在奧古斯都*時代生產一種有光澤的紅色陶器，上面有印紋，並常常有凸起的圖案作裝飾。在阿雷佐附近一帶，一些作坊主人要奴隸製造陶器，並把生產的各種器皿運往帝國各地。後來甚至還在里昂建立起工作坊！義大利在一世紀左右便不再出售陶器，不過高盧人卻開始大量生產陶器。高

盧人的手工作坊在大約 250 年間蓬勃發展起來，有的位於鄉村，靠近水源、森林和挖黏土的地方，有的則在城裡（如里昂、理姆斯等）。奴隸們挖掘黏土來製坯，砍伐木材來燒窯，並供水給工作坊。陶器製作者是自由的手工藝人，他們將陶器賣給中間商，再由中間商把陶器銷往帝國各地。79年左右，一位龐貝的商人來此買了一大批陶器，當時正好維蘇威火山爆發，這批陶器就從來沒有拆開過！

金衿針*
（出土於塞納河發源
地，一世紀時）
衿針像別針一樣是用來
扣衣服的。金製的衿針
在高盧很少見，大多數
都是鐵製的。

金融組織

在共和時代*最後的兩個世紀中，中間批發商和金融業者組成一些團體共同採礦，或向征服的地區徵稅。西班牙的礦業金融組織就徵收到6600萬銀幣（也就是2億6400萬古錢*!），每一個行省的稅收承包人可分得50萬銀幣，其餘的合夥人則可分到10萬。這個金融組織還向上千名的金融業者每人借了5000銀幣！它雇用了4萬個奴隸到銀礦坑裡工作，每年交給國家 900 萬銀幣。其他的金融業者包括了銀行家以及冒「高風險」貸款購買商品和裝備船隻的人，如果船隻平安回港，他們就能償還貸款。奧古斯都打壓這些投機商人的優勢，向他們課徵最高額的稅金，但是這些船東、批發商和金融業者依舊是收入豐厚，不可一世。

城市與鄉村

大道與小路

道路建設

羅馬人在整個帝國境內建築了九萬公里的道路，而且大都是筆直的大道。首先要平整土地，鋪上一層石料以利排水，然後加鋪一層沙、一層層的碎石或大大小小的石塊，最後再在路面上鋪上一層石板。這種築路方法會依據道路所經地區地層的堅實程度和可就近取得的材料不同而有所變化。

橋樑建設

羅馬人應用搭鷹架的知識，在帝國時期建造了許多宏偉的橋樑。羅馬人將希臘人阿基米德*發明的有三個滑輪的吊車加以改良，加固滑輪，並在絞盤上連接由奴隸帶動的大滑輪。

奧斯蒂亞大道
這條羅馬古道連接了羅馬與奧斯蒂亞。

40

城市與鄉村

支撐在木製拱架上的橋拱是大石塊拼成的，並且用鐵扣釘取代砂漿垂直地固定。橋墩面向上游的部分做成銳角，以分減水流的力量。在精美的石頭砌面後，是由浸透在砂漿裡的石塊所構成的橋體。

交通運輸

羅馬人鋪設的道路主要是用在軍團的調動和馬車的運輸，另外還有商業上的交通。此外還有20萬公里未加鋪設的驛道。那時的馬都未釘蹄鐵，拉運500公斤以上的貨物時就套上牲口用的柔韌軛圈。在騾子背上放上馱架來馱運貨物是最主要的運輸方式，高盧人似乎也是如此，不過他們後來改良了四輪車。

　　羅馬人的船艦有各種不同的形狀和噸位。船舵是兩片長長的槳葉，由舵手操舵，使之由船頭向船尾旋轉。船上有一面矩形主桅帆，上方又有一面三角帆，船頭也有一面小帆，有時候船尾還有一面帆。

美里達之橋

（西班牙）

瓜地亞納河上的這座羅馬大橋，標示著羅馬殖民地奧古斯塔美里達的邊界。

**一世紀時的
戰艦模型**

當時的海運貿易很繁榮，運麥船的噸位一般都在150–200噸之間。

41

城市與鄉村

哈德良長城

北

不列塔尼
倫敦

下日耳曼

大西洋

特里夫斯
呂泰斯
里昂省
亞列西亞

比利時

上日耳曼
里昂

波爾多

那彭省

阿奎丹

塔拉康省

那彭
馬賽

科西嘉

塔拉戈納

萊茵河

多瑙河

琥珀,木材,
皮革,奴隸

雷蒂亞

諾里克

阿魁利亞
拉文納

潘諾尼亞

達爾馬提亞

薩洛納

義大利

羅馬

奧斯蒂亞
龐貝
米塞農

薩米澤杰

達西亞

墨西亞

塞爾迪

塞薩洛尼基

布林迪西
塔蘭托

都拉基烏姆
馬其頓

盧西塔尼亞
美里達

巴蒂卡
加的斯

丹吉爾

沃盧比利斯

茅利塔尼亞
廷吉塔納

迦太基恩

凱撒里亞

凱撒倫西斯

梯姆加德

薩丁尼亞

迦太基

西西里

錫拉庫札

非洲總督行省

雅
科林斯
亞該

地中海

大勒普提斯

昔蘭尼

猛獸,黃金,
象牙,奴隸,

昔蘭尼加

42

城市與鄉村

羅馬帝國

羅 馬並非以同樣
的方式去治理
所有的「行省」,有的推
行懷柔政策和羅馬化,
並需要軍隊的保護,有

的則隸屬於皇帝的權力
之下。羅馬軍團長期駐
紮在行省內,以抵禦邊
境的蠻族或鎮壓內亂。

毛皮,
蜂蜜,奴隸

裏海

奧爾比亞　博斯波倫王國

蒂拉斯

黑海

亞美尼亞

錫諾普　特比隆

絲

色雷斯　比提尼亞和龐特

尼科墨迪亞

拜占庭

士坦丁堡

安卡拉　加巴多西亞

蒂格拉諾塞塔

帕加馬

亞細亞

加拉提亞　塔爾蘇斯

以弗所

美索不達米亞

利都

西利西亞　安提阿

哈特拉

帕爾米拉　杜拉歐羅普斯

呂基亞和潘非利亞

敘利亞

克里特

塞浦路斯

推羅　赫利奧波利斯

杰拉什　巴勒貝克

香料,
香水,絲

亞歷山卓　猶地亞

阿拉伯

佩特拉亞

孟斐斯

香料..
香水,絲

象牙,
黃金,猛獸,

紅海

尼羅河

埃及

43

	義大利
	帝國行省
	元老院行省
	暫時的征服地區
	進口貨物

500 km

城市與鄉村

羅馬：世界的首府

龐大的城市

羅馬的人口從公元前二世紀起便迅速增加，由奧古斯都[*]時期的100萬居民到二世紀左右的1200萬。城市也隨著人口增加而成長，公元前四世紀的城牆內就已包括426公頃的土地，奧古斯都又加以改造，擴張郊區，使羅馬的面積達到2000多公頃。

警察與強盜

人口如此眾多的城市生活令皇帝相當憂心。城市的行政長官統帥共有4000名士兵的城市步兵大隊[*]，在白天充當警察。晚上則由夜警長官率領7000名人馬，負責在警察崗哨值夜，並在僻靜的道路巡邏。

　　9000–15000人的禁軍負責保護皇帝，其餘的軍隊也駐紮在羅馬，羅馬人受到非常妥善的保護。

木造的城市

夜警的主要任務是撲滅火災，他們必須動作迅速，因為大多數的房屋都是木造房子，而且是一個緊挨著一個建造的，同時道路也很狹窄。夜警巡邏隊一發現火災，就趕快用浸過醋的布匹和水桶撲滅剛開始燃燒的火苗。

44

城市與鄉村

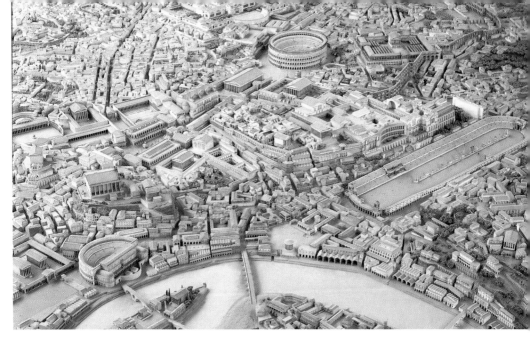

如果火勢過大，其他的「消防員」也會趕來支援，他們用鐵耙推倒鄰接的房屋，以阻止火勢蔓延。他們利用一種人力水泵，盛滿一桶又一桶的水，灑向冒煙燃燒著的房屋。

水啊，水！

羅馬不缺水，它有水井、泉水和蓄水池。公元前一世紀左右，羅馬有13條引水道，將水從北方和東方的山上引入城內，提供每天約100萬立方公尺的供水量。羅馬還有247座水塔，透過石頭和陶土燒製的導管，將水加壓送入每棟房屋的底層。另外又有500多座的噴泉供水給街道上的行人。

羅馬

（羅馬文明博物館模型，羅馬）

由西南到東北，最前面的是競技場，它的東北面則是巴拉丁皇宮。再過去，大引水橋後面是圓形露天競技場，競技場後面，埃斯奎利諾山坡上矗立著圖拉真圓柱。

45

城市與鄉村

熱鬧的街道

七丘城

羅馬的七座山丘間沒有漂亮的大街。有幾條大馬路從公共廣場向四處延伸，並連接上大道，通往羅馬城外。小路、小巷和死胡同所構成的交通網則連接了各區中繁忙的交通要道。不過，由於各區間缺乏環形大道的連接，區與區的聯絡就很不方便。此外，因為越過山丘的道路坡度很大，所以分別建造了上山的車道和人行階梯。街區的道路通常是彎曲而狹窄的，許多道路更因建築物的擴建而變得陰暗，房屋的陽臺和擋雨的屋簷也遮住了陽光，不過，在羅馬炎熱的夏日裡，這倒也不是一件壞事！大部分的街道都沒有人行道，也不鋪路面。

麵包師傅

在這幅龐貝的壁畫上，櫃臺後的麵包師傅正在出售圓麵包。

46

夜行車，日行人

羅馬的交通很困難。凱撒*以後，道路日間禁止車輛通行，晚上由於道路沒有照明，大家都待在家裡，店鋪的門扇和住宅的窗板並裝上安全鏈來防護。然而，夜間的街道卻另有一番熱鬧景象！城中車水馬龍，令人難以入睡。有人說：「在羅馬，只有有錢人才能睡覺。

城市與鄉村

狹窄的彎曲車道上，牛馬停止不前，吆喝吼叫聲……連海豹都沒法睡！白天的羅馬街道則只見行人熙熙攘攘，聽聽這個可憐的路人怎麼說：「我呀，只覺得人山人海擋在眼前，後面推擠的人則頂在腰上。有個人碰到了我的手肘……又有人把一根棍子撞在我頭上……我的腳上濺滿了泥漿！」

酒商

（聖蒂亞阿瑪雷尼斯墓碑，一世紀左右。）
一名酒商正在把酒罐裝滿。

店鋪

店鋪開在樓房的底層。早上，店鋪取下關閉鋪子用的木頭門扇，使售貨臺向街上開放。每家店鋪都有一間蓋有拱頂的大廳，最裡面有一個五級的小樓梯，再接上一個木梯，通往上面的閣樓，店主一家人和店員就擁擠地住在那裡。手工業者或商人們常常無力支付店鋪的租金，如果租金拖欠得太久，房東便搬走閣樓的梯子。可憐的房客只好向高利貸者借錢。這些店主往往是解放了的奴隸，他們雇用奴隸和自由平民當學徒做工，但工資卻很低，一年只有400到800古錢*之間，只夠每天買個五到六升的小麥。隨時可能有人會在店鋪裡鬧事，一旦店鋪倒閉，便會怨聲載道，令高利貸者和富有的房東膽戰心驚。

羅馬的秤

所有商品都在這種秤上稱出重量。

47

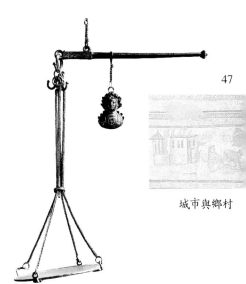

城市與鄉村

城市與鄉村

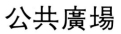

公共廣場

位於市中心卡爾多和德庫馬路斯兩條主要街道交叉叉口的公共廣場* 是羅馬城居民生活的場所。這個城市裡的重要事件常是在公共廣場上流傳開來的。市民們每天都到那兒去打聽最新的消息、勝利的和失敗的消息以及皇帝駕崩等等的事。市民們也會在那裡談論時事。公共廣場周圍的柱廊下常常聚集著一些小販、算命婆、乞丐和小偷。這裡是城市的心臟。

城市與鄉村

**餐桌三面置有
斜榻的餐廳**

餐廳中央放置餐桌，周
圍是三張斜榻。

50

城市與鄉村

出租的房子

奧古斯都時期的羅馬居民大都居住在三到五
層的樓房中，有的樓房甚至有七層，高三十
公尺。由於地價昂貴，這些樓房都很窄小，
正面只有六到十二公尺。常常發生火災，而
且房東又常把房子蓋得簡單、廉價：很淺的
地基、劣等材質的薄牆、木板或柴泥建的隔
板，房屋倒塌是司空見慣的事情。每層樓有
一套至少三間的住房，沒有玻璃的窗上則裝
著木頭護窗板或紗網做為保護。在寒冬，人
們只能用火盆取暖，因此常生活在煙熏和黑
暗裡。夏天又是難以忍受的炎熱。沒有自來

水，只能用桶子打水來用；沒有公共廁所，只得把便盆倒在鄰近街道上的垃圾堆裡。房租很高，房客便將小房間再租出去。那些最窮的小販和乞丐住在屋簷下、店舖的地窖中和樓梯下的小空間裡。小資產家則住在樓房的其他部分。最富有的人住的是另外建得較好的樓房裡，例如奧斯蒂亞的樓房，大宗買賣的商人就是住在這種樓房的底層。

豪華新住宅

羅馬的豪華住宅裡住的是元老們、百萬富翁以及帝國政府雇來的騎士*。羅馬的建築師受到希臘人的影響，將住宅分為兩個部分。第一部分是中庭，這是一間有柱廊的大廳，每天早上屋主會在這裡召見貧窮的「被保護者」*，給他們「賞賜」，也就是一天的食物。除去這間作為主人辦公室的房間，就是家居用的第二個部分：一個屏風環繞的內柱廊式庭院，四周是客廳、廚房、浴室、餐廳和臥室，各處都有暖氣設備，僕人則住在同一層樓裡。客廳外的大花園是一個清新翠綠的小天地。

五層樓房的模型

城市與鄉村

那彭省的標誌
（奧斯蒂亞行會廣場的
馬賽克鑲嵌畫）
一個活動關節吊臂伸過
來抓住船上的貨物並吊
到碼頭上。

奧斯蒂亞的商船
奴隸們把小麥裝上船。
船尾的槳當舵來用。

羅馬之港奧斯蒂亞

位於臺伯河與一個沼澤潟湖間的奧斯蒂亞是羅馬最早的殖民地，建於公元前14世紀中葉。它原是一座小城堡，擔負著守衛河口和保護羅馬不受敵人登陸進攻的職責。那時的奧斯蒂亞還不是港口，小船要沿著臺伯河溯流而上直到羅馬的河港，載著埃及小麥的大船則必須停泊在波佐利港，卸下小麥，然後再由陸路運送240公里！凱撒*和後來的奧古斯都*都曾想在奧斯蒂亞建造一個大港，但都因困難度太高而被迫放棄。這個計劃後來只成為一種辯論練習，讓學生作正反兩方面的辯論來訓練口才和言語的說服力。

約從42年起，克勞第亞斯皇帝才真正開始建設港口，將潟湖改造成一個佔地90公頃的廣大盆地。燈塔標示出了進港處的位置，夜間則會派人生起一堆大火並維持燃燒不熄，以指引船隻航道。尼祿皇帝開始建造

城市與鄉村

奧古斯都港。然後，從100年到112年，圖拉真 * 命人挖掘了第二個六邊形的盆地，佔地32公頃，深5公尺；另外又開挖了一條運河，成為臺伯河第二個河口。

港口的活動

船入港後就開往碼頭或拖到碼頭停靠，人們都到堤上迎接來自帝國各地的船隊。乘客蜂湧而下，搭乘輕便快車回到羅馬。碼頭工人卸下船上的小麥、油、酒、陶器、金屬、褐毛獸和奴隸等貨物。一些貨物存放在巨大的倉庫裡，其餘的則裝入平底小船，運至羅馬的內河港口。海關要對貨物進行檢查、過秤和課稅。入冬後，交通停止，海港也封閉了。

奧斯蒂亞(Ostie)

拉丁文中os意為「口」，ostium意為「江河之口」。

奧斯蒂亞港

（二世紀末至三世紀初）

一艘船剛駛入奧斯蒂亞港，全部的船帆都還張著。船後面可看到一個比帆還高的火盆，這是進港處的標誌。巨大的紀念雕像用來裝飾碼頭。有艘船已經收帆。小船趕到大船這兒來卸貨。

城市與鄉村

羅馬人的出生

在羅馬，當孩子出生後，先要洗澡，然後放到父親的腳邊。父親當然不會遺棄孩子，他很幸福地雙手抱著孩子站在屋外，接受他作自己的小孩。孩子出生後第九天，父親會幫孩子取名字，用水給孩子作洗禮，使他純潔，孩子從此就叫做凱烏斯、路西阿斯、巴希利阿斯或提圖斯。他在小孩脖子掛上裝滿護身符*的垂飾以避邪。孩子慢慢長大，父親教他敬神，並向家裡中庭神壇上的灶神祈禱。家裡有一個神堂或神龕，作為家神的居所，這位年輕的神捧著裝滿花果、象徵豐收的羊角及盤子跳舞，並與女灶神維絲塔一起照看這個家。家裡還得供奉兩位保護食品與飲料的宅神，一位是雙面門神，另一位是終生伴隨父親的守護神*。最後則是祖先的靈魂。這些都是要誠心供奉、不得有所不敬的神靈！十六歲的時候，要舉行成人禮，向家神奉獻垂飾和鑲有朱紅邊飾的白色托加*，孩子自己也要穿上白色的托加。

城市與鄉村

哺乳

（科納利烏斯・斯塔提烏斯石棺上的雕刻，二世紀中葉）

一位婦女坐在高靠背椅上給孩子餵奶，孩子穿著短衫，包在繫著帶子的襁褓中。

婚禮

再大一點，孩子就會結婚。他送給未婚妻一枚金戒指，她會把戒指戴在左手無名指上。婚禮前一晚，她要把結婚前穿的長裙以及兒時的遊戲全奉獻給家神。第二天，她穿上白

色束胸上衣，外面罩著黃色外套，頭髮像家庭主婦那樣盤起來，蓋上橘紅色頭巾，並戴上花冠。她的父親迎接前來道賀的親朋好友。祭過神靈後，要在中庭取鳥占，如果神同意的話，新郎可拉住新娘的右手，兩人互許承諾：無論你到哪裡，凱烏斯，我凱伊婭都跟你在一起。接著便大擺宴席，直到夜裡。然後新郎的朋友們假裝搶走新娘，在長笛吹奏者和火炬手的簇擁下，眾人來到新郎家。三位男儐相把新娘抬進家門，新郎送上水和火，她則把一枚錢幣送給新郎，另一枚給夫家的神，第三枚給街坊的神。

龐貝的維提大廈中的家神龕

這個布置得像神殿一樣的壁龕是一個家神龕，壁畫上面畫著家神端著獸頭狀酒杯圍著守護神翩翩起舞。守護神身穿鑲有大紅邊飾的白色托加*，正準備祭祀。下方的大蛇代表房屋裡的神怪。幾乎每個龐貝的望族都有一個家神龕。

城市與鄉村

教育

（M. 科納利烏斯·斯塔提烏斯的石棺雕刻）這兩者都表現了男孩的生活。孩子由教師或父親抱著。長大一點後，他手執馬鞭學習駕車，然後要背誦功課或文章。

家庭

從共和時代*起，父親往往只為兒子著想。兒子有三個名字，或者說他的姓名由三個部分組成：前面是個人的名字，中間是家姓，最後的名字則是用來區分同一家族中的不同支系，比如蓋尤斯·尤利烏斯·凱撒。女兒則只有一個名字，也就是家姓，比如朱莉亞。他們從來不教女兒讀書識字，只要她們懂得料理家務和紡紗織布就行。母親是爐火的看護人，對丈夫有很大的影響。

兒童教育

父親本人不再擔當教育孩子的工作，而交給家奴們去負責。

孩子從出生起就交給奶媽照顧，然後由一位負責教育他的教師陪著上學，晚上再幫

56

城市與鄉村

他複習白天的功課。在龐貝，富家子弟的奶媽和教師都由希臘人來擔任，所以孩子們在上學前就已經會說兩種語言了。

孩子的教育一般交給奴隸去負責，孩子則稱他們為教師。這位父親則堅持自己扮演教育孩子的角色。

學生

孩子們從七歲開始上小學，成為學生。上學的時間從早上到七時*（正午）。

　　老師就在路上講課，有時在店鋪裡，有時在柱廊下，只要擺張椅子給老師坐，幾張板凳給學生，還有一塊黑板、幾塊蠟板、幾支尖筆和幾個計算用的算盤。老師的工資很低：一世紀時，每個學生每月只付兩個古錢*。學生學習讀書和計算，做不出功課時就要被鞭責！

　　學生有一些假期，每九天休息一天，三月底會放五天假，另外還有暑假。

　　十一歲時，學生就不用再上學。女兒不再接受其他的教育，兒子則繼續學習四到五年的「文法」，並閱讀與理解希臘和拉丁名著，然後雄辯術的教師會教他們雄辯的技巧，培養他們成為各級公務員和辯護人。如果他們想繼續深造，就再聘一個希臘奴隸教他們哲學。

57

城市與鄉村

公共浴池

由於缺乏自來水，住在樓房裡的居民難得在家洗澡，只有豪華住宅中的富人家裡才有浴室（這是從公元前三世紀的希臘人那兒學來的）。公元前二世紀後，羅馬修建了供大眾使用的公共浴池，而且分男用、女用的而各有不同的設備。公元前33年，羅馬共有170個公共浴池，四世紀中則有1000家左右。浴池的老闆只收四分之一阿斯（相當十六分之一古錢）的入場費，兒童則是免費的。

健康的心智寓於健康的身體

對希臘人來說，公共浴池只是附屬於訓練競技者的體育學校的建築，競技者在劇烈運動後，在那裡洗個澡，放鬆肌肉和神經。羅馬最早的公共浴池建在龐貝，體育學校反而成為浴池的附屬建築。事實上，羅馬人並不喜歡競技運動，他們運動只是為了熱身，然後就可以更充分地享受沐浴的樂趣。奧古斯都以後，公共浴池遍布了帝國的各個城市。非洲擁有15000名居民的梯姆加德就有12個公共浴池。羅馬4世紀時雖只有11個公共浴池，但每一個都是廣闊的建築，其中最重要的一個，面積甚至有15公頃那麼大！公共浴池不僅僅是沐浴的地方，體育學校外有一塊點綴

皮亞札阿爾梅里納的馬賽克鑲嵌圖
（西西里）

男女浴客在去公共浴池前，都喜歡在體育場上從事各式各樣的體育活動。在這幅圖中，女浴客們正在用啞鈴和鐵餅鍛練身體。

城市與鄉村

著雕塑和噴泉的林蔭地，正是散步的好地方！人們還可以在沙龍裡休息，或在圖書室的書箱裡拿幾本「手抄書卷」*來看看。公共浴池既是俱樂部，又是羅馬城的文化館。

羅馬式的蒸氣浴

龐貝的公共浴池一邊是男浴池，一邊是女浴池。羅馬的公共浴池則不同，是男女共用的，婦女在11時至13時間洗澡，接著換男生用，一直到晚上。

　　沐浴的人要玩一種裝滿沙子或羽毛的球，不然就是一種充氣的籃球，以達到熱身的效果。在更衣室脫掉衣服後，可以追逐嬉戲或摔角。他們還要在身上塗上油和蠟，充分熱身後，再用刮板除去油垢，然後就可以洗澡了。穿著木底鞋的沐浴者在乾式水汀浴室60℃的高溫下大量出汗，接著進入蒸氣浴室。在龐貝，可以直接跳進熱水浴盆；在羅馬，則要從盆裡舀出滾燙的水來洗。再來是溫水池，然後再跳進冷水浴室的冷水游泳池中。有錢人沐浴後還會叫人替他修剪指甲、抹擦香水以及按摩等等。

公共浴池

沐浴者在公共浴池的蒸氣浴室裡洗熱水澡。蒸氣浴室的浴池下設有火爐，將磚池中的水加熱。

59

城市與鄉村

城市與鄉村

塞哥維亞引水道

（西班牙）

弗恩弗利亞山上的水由一條引水道引入塞哥維亞。一座長818公尺、有119個橋拱的橋使引水道得以跨過峽谷。

羅馬城的用水

清水在羅馬各城裡流動，引水道將各水源匯集到噴泉和公共浴池中。羅馬人有時到很遠的地方去引水，里昂有一條水道的引水路線就長達75公里。為了使水能夠長距離流動，就須從頭到尾保持一個平緩的坡度。引水道從法國的龐特加爾橋或西班牙的塞哥維亞大橋等壯觀的工程上經過。大部分的水管都埋在地下，沿途會開許多檢視孔，讓人進去清洗。進入城市後，就將水引入水塔，以便供給公共噴水池、公共浴池和私人住宅。

美里達的引水道

並非所有的房屋都與供水的水管相連，多層
樓房中就只有底層才有水，每天都可以看到
奴隸到公共噴水池去取水。水源充足的城市
中，每個人都有自用井，而在許多非洲城市
等最缺水的地方，則建造了大型的水庫。

用過的水流入下水道，排入河中。

里昂的大水庫

水引入城市後，流進巨
大的水庫，再由水庫供
水給城市。

城市與鄉村

（來自法國理姆斯，
二世紀）

這些手術器械包括各種
不同的醫療工具：探針、
匙、各種不同尺寸或尖
頭或扁頭的鉗子及鑷
子。

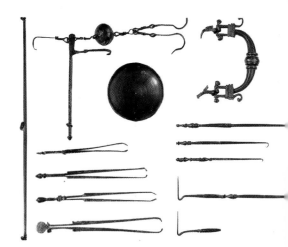

疾病

羅馬人生病時會求助於醫生或神祇，不過由
於醫生的醫術不太高明，病人往往尋求神的
幫助。他們試圖用有淨化作用的溫泉水來治
療疾病。病人在泉源的神廟裡放置木刻的或
泥塑的還願牌，這些還願牌代表下肢、膝關
節、腳、手等某個人體的部位。某些泉源以
治療眼睛感染聞名，所以亞列西亞的人們常
把小塊的金屬片剪成眼睛的形狀，放在泉源
裡。高盧的眼科醫生最為著名，他們會調配
各種眼藥，而且顯然懂得治療白內障。然而，
古代的人們平均壽命不會超過30歲。

城市與鄉村

還願牌

（來自塞納河發源地）
病人為求神靈保佑使疾
病早日痊癒，將這種還
願牌放在泉源的神廟
裡，作為與神交換心願
的信物。這種還願牌的
形狀有眼睛以及包在襁
褓中的嬰兒等等。

加利安（131 - 201 年）是最著名的羅馬醫生，他首先描繪了人體的神經系統，又是實驗醫學的創始人。醫生對病人聽診，診斷出破傷風、白喉、痢疾、霍亂及其他種種疾病。醫生為病人進行治療，替他們拔罐。他們知道許多植物的療效，不過還不懂微生物，只知道疾病是會傳染的！他們無法想像沼澤裡的蚊子竟會傳染瘧疾！

哭喪婦和長笛吹奏者

假如某人不幸喪父，他就必須為父親舉行喪禮，否則父親痛苦的靈魂將會折磨他。他合上父親的眼睛，最後一次呼喚他，然後就把父親放在中庭一張飾滿鮮花的靈床上。接連數日，都有哭喪婦來哭喪，還有長笛吹奏者演奏哀樂。某個早晨，送葬隊伍就將父親抬出城去，哭喪婦和樂手走在前面，後面的人抬著標語牌，告訴世人父親的生平，接下來是戴著祖先面具邊走邊舞的人，然後是露出面部的死者遺體，身穿孝服的兒子則跟在後面，婦女必須解開頭髮。遺體根據家族的習慣火化或是埋葬。九天後，要祭祀父親的亡靈，在墳上擺放鮮花，供奉奶、蜜、酒、蛋、蠶豆和扁豆，一樣都不能遺漏！因為他害怕父親以及那些死者的靈魂，每年五月，接連三個晚上，他都要半夜起床，潔淨身體，並使亡靈離開這個家。

63

還願牌
（人面像）

城市與鄉村

娛樂

競技比賽：一種宗教儀式

競技場上展現了賽馬、賽車以及其他一連串的場面。這些競技本來沒有娛樂的目的，只是一種與大地諸神和死者的世界溝通的方法。

所以每到春天，就要套上車馬在跑道上隆隆奔馳，以喚醒自然，並使人類和冥界之神和諧共處。跑道中央設置許多由勝利之柱和尖塔狀的方尖碑構成的祭壇，並在那裡舉行祭祀活動。

賽車
（里昂的馬賽克鑲嵌圖）

賽場的一端設有八道門，在起跑前先攔住八輛四馬二輪車。八輛參賽的車都掛著各隊的彩旗。這裡的尖塔祭壇比較特殊，用水池取代了中央隔牆。

64

城市與鄉村

賽車

參賽者穿上不同顏色（白、綠、藍、紅），代表各隊的短衫，帝國各地的群眾擁護綠隊，統治階級則支持藍隊。觀眾把賭注押在車手身上。號角響起，四馬二輪車在一片滾滾塵煙中衝向跑道。全程共跑七圈。如果在奔馳中，車輪碰到中央界標，那就「失敗」了。最危險的就是和另一輛車相撞。車手們都把韁繩繫在腰上，身邊並帶著一把短刀，出事的話就把韁繩割斷。

競賽開幕

開幕時總要舉辦大遊行。那些重要人物走在最前頭，引導隊伍從卡皮托利尼丘出發，經過公共廣場到達競技場，後面跟著或騎馬或步行的年輕人，然後是參賽的車手或馴師，舞者、樂師、合唱隊員和抬器材的則跟在遊行隊伍的最後面。遊行隊伍總是依照這個順序前進的。

65

城市與鄉村

圓形競技場

圓形競技場是一個巨大的橢圓形競技場，四周是階梯看臺，各種不同的競賽都可在此舉行。羅馬的圓形大競技場建成於80年左右，可容納5萬名觀眾，沙石跑道的周長達527公尺。鬥獸者們在鬥獸時須表現出勇氣和靈活，其中有一位必須躲在回轉欄後逗弄猛獸。格鬥士可能是志願者（奴隸或自由民）、戰俘和囚犯，他們會在學校接受訓練。格鬥前，舞劍團先繞場一週，向皇帝致敬，然後就抽籤決定對手，裁判會標出格鬥的範圍。一位薩謨奈格鬥士準備上場，管風琴和號角齊鳴，觀眾情緒激昂。薩謨奈格鬥士追逐一位手持三叉戟、不帶護身盾牌的漁網格鬥士，漁網格鬥士則試圖網住對手，然後再用三叉戟刺殺。格鬥結束時，認輸者趴在地上請求饒命，皇帝會徵求觀眾的意見，觀眾揮動白色手絹回答：「放了他！」皇帝便豎起拇指；如果觀眾叫喊：「殺死他！」皇帝就倒立拇指，這個不幸的人即被殺死。

格鬥士的頭盔

城市與鄉村

圓型競技場上的競技比賽

與熊格鬥
(德國嫩尼希城的
馬賽克鑲嵌圖)
兩位格鬥士只能靠著一
根鞭子來解救熊爪下的
另一位鬥士。

格鬥士的格鬥
(德國嫩尼希城的
馬賽克鑲嵌圖)
一位色雷斯人戴著頭
盔,手持長方形盾牌和
利劍。漁網格鬥士手持
三叉戟和一張準備用來
網住對手的網。裁判要
保證格鬥按規則進行。

67

城市與鄉村

獵鹿
（法國濱海塞納省利勒
博訥的馬賽克鑲嵌圖）

羅馬人與狩獵

大塊的領地從公元前二世紀開始逐漸增多，那些產業所有者、元老院元老或騎士從希臘人、高盧人和西班牙人那裡學會了狩獵的技藝和樂趣。狩獵成為富人的消遣，增長了年輕人的勇氣和活力。大業主們厭倦了城市的娛樂，常常躲進他們的鄉村別墅去從事狩獵活動。

獵鹿

獵鹿時，主人和他的朋友以及眾多僕人徒步去搜尋，一發現獵物蹤跡，就在叉路口張網，並在網附近設置一條上有白色和紅色羽毛的長繩作為誘線。幾個獵人埋伏起來，號角一響，趕獵物的人就放出獵犬，一邊大聲喊叫，一邊用大棒子在樹叢中使勁敲打。奔跑的獵犬把鹿趕了出來，鹿向前猛衝，來到誘線前，埋伏的獵人立刻大聲呐喊，收緊繩子，鹿在驚恐之下跳進網內，凶惡的獵犬迅速猛撲上去，主人隨後就把鹿殺死。

獵野豬

所有的獵人都步行。野豬在趕獵物者和獵犬的追逐下被趕進網內，牠可能會衝破羅網，也可能會轉而攻擊追逐者，再找機會逃跑，

城市與鄉村

再不然，就和獵人面對面地等待著。主人拿起長矛，矛頭直指野豬前額，緊盯著野豬向前移動。對獵人來說，這有時會是悲壯的短兵相接場面！帝國＊各地都有獵野豬的習慣，這被視為一種高尚的活動，就和獵熊一樣地充滿危險，狩獵者必須具備勇氣和智謀。

其他各種狩獵活動

高盧人和非洲人有極好的獵兔犬。獵野兔是一種合法的體育活動。

　一對獵兔犬先追逐野兔，然後把野兔趕出來，再由獵人騎馬徒手追趕。這真是筋疲力竭的一天！野兔會在獵犬面前耍花招，還會不停地狂奔。獵兔犬最後終於抓到野兔，把牠銜在嘴裡回來給主人。如果野兔奮力抵抗，就會被釋放。

　東方和非洲的帝王還獵捕獅子，這種帝王的娛樂非常的危險！大領主們則獵豹子和大象。

獵鹿

（法國濱海塞納省利勒博訥的馬賽克鑲嵌圖）

有個人拉著一頭被繩子套住的鹿，藏在灌木叢後，這頭受過訓練的鹿會大聲呼喚野鹿，埋伏的獵人舉起箭來準備發射。

69

城市與鄉村

龐貝的街道

最終時刻

維蘇威火山沉睡了幾千年。62年2月25日那次因火山活動造成的地震就已經讓人心有餘悸,79年8月中旬竟又發生一次更為猛烈的大地震,神殿、房屋等所有的建築在頃刻之間化為一片廢墟。正當龐貝人開始重建家園時,79年8月24日上午10點,隨著一聲震耳欲聾的爆炸聲,阻塞維蘇威火山熔岩的東西似乎一下子全爆裂了,氣體和熔岩像柱子一樣地噴向數千公尺的高空,浮石像冰雹一樣地落在龐貝城裡。從10點15分到13點,一場夾雜著令人窒息的氣體與火山灰的傾盆大雨淹沒了這個城市。短短三個小時內,15000人在極度的痛苦中喪生。火山終於在8月27日停止噴發,到處都是一片恐慌景象,人們四處奔逃躲藏。有戶人家決定離開,僕人背著路上

城市與鄉村

要吃的食物走在前面，一不小心就跌倒了；二個小兒子跟在後面，頭上頂著瓦片以防受傷，也摔倒在地；父母帶著小女兒跟跟蹌蹌地跟著，母親還用一塊布捂著口鼻，避免窒息；爺爺使勁站起來，吃力地撐著。一切都完了！

龐貝的生活

在這裡，選舉的宣傳活動通宵達旦地進行。有位畫家在牆上用石灰寫道：「請投市政官候選人維提阿斯‧菲爾姆斯一票，他代表我們大家的利益。」那邊那位可憐的麵包師傅來不及從爐裡拿出麵包，81個圓麵包全烤焦了。小酒館裡，龐貝人斟上熱酒，談笑下棋。窮人和富人、商人和錢莊老闆、散步的和旅行的，全都經歷了79年夏天那個可怕的末日。

龐貝的神祕祭室

在這幅獻給酒神的壁畫裡，有個裸體小男孩正在展讀一本「手抄書卷*」，旁邊的婦女一手放在男孩肩上，另一手也握著一本書卷。這幅壁畫是在龐貝一個富有的業主家中發現的，屋裡共有90套房間。

城市與鄉村

梯姆加德城

北非的梯姆加德城是柏柏人（奧雷斯山地人）和羅馬人（平原居民）往來聯繫的地方。這座城市規劃得非常規則整齊。

城市與鄉村

城市的創立

對於那些不懂城市建築藝術的新歸順民族來說，羅馬城便成了一種典範。如果說希臘人還算擅長運用材料的話，那麼高盧人、布列塔尼人和西班牙人就得從頭學起了。

所有的城市都按千篇一律的方式建立。一位占卜官或祭司劃出神庇護的城市範圍和位置，卡爾多大街和德庫馬路斯大街會在這塊未開墾的土地上成直角相交。然後土地測量員標出建造各種公共建築的具體位置：公共廣場*、地方元老院*、神殿、公共浴池、劇場和各種建築物。土地平整的地方，城市規劃可以非常規則，比如殖民地梯姆加德城。但如果地形起伏變化太大，就很難作這樣的規劃了，像里昂就只有依山傍水而建。城市的規劃是因地制宜的。

羅馬化

羅馬帝國各代的皇帝都鼓勵被征服國家的各城市充分發展，以利傳播與融合羅馬文明。這些城市分為當地人居住的「自治市」，和來此定居的羅馬人居住的殖民地，這些羅馬人多半是老兵，也有商人和手工業者。

格拉薩

（今日的耶拉希）

這個小城市隸屬於羅馬的敘利亞行省，106年後又納入阿拉伯行省。月亮女神的神廟在宙斯神廟上方。這座城市中，希臘文比拉丁文更常用。

城市與鄉村

追隨羅馬人的生活方式

行省中的羅馬殖民地不僅是城市建築的典範，羅馬人的生活方式更是行省中的人們所崇尚的生活典型。殖民地中住的是退役的老兵，他們從皇帝那裡得到分封的土地作為長期服役的酬勞。市民們每年都要選舉市政代表：兩位共同執政的執政官（地方執政官）、市政官和財政官。候選人在朱彼特神殿的講壇上發表執政綱要，然後在公共廣場上召開政治會議。這些行政官員*並在兼作室內交易市場的長方形會堂*裡進行審判。他們在任期中即成為地方元老，出席地方元老院*會議，也就是地方議會。各城間的統一要歸功於相同文化的傳播。帝國各地的孩子們都在教師那兒受同樣的教育，學習文法還有雄辯術，他們也讀希臘文的荷馬和拉丁文的維吉爾。大家都上公共浴池和劇場消遣。

亞耳的圓形劇場

亞耳是羅馬的高盧裡一個重要的城市。這座二世紀時的圓形劇場是用大石塊砌成的。

城市與鄉村

非洲行省中 500 多個城市的城市生活迅速發展起來。高盧的人們也放棄了城堡，到平原上定居。城市與商業要道的距離愈來愈近。當時各個城市都以自己的歷史為榮，並保存固有文化的基本內容。因此，高盧人的神仍繼續存在於高盧地區。亞列西亞的醫神便有自己的神廟，高盧神廟每天也都吸引了眾多的信徒。

美里達的露天劇場
奧古斯塔美里達的羅馬殖民地（現今西班牙的美里達）由奧古斯都所建，是盧西塔尼亞行省的省會。由於靠近金礦，到處都是裝飾得富麗堂皇的公共建築，比如這座露天劇場的舞臺圍牆，便是羅馬行省中各種宏偉建築的最佳典範。

城市與鄉村

古代的結束

從軍人皇帝到
基督教皇帝

蠻族的威脅

帝國的首都

社會的崩潰

從軍人皇帝到基督教皇帝

皇帝

三世紀時，從 235 年到戴克里先即位，羅馬帝國相繼有過24位皇帝，全都是軍人稱帝。

284 年，東方的軍團擁立從軍中逐級晉升的農民戴克里先為皇帝，戴克里先在位20年後，又將權力一分為四，稱為四頭統治。他選擇馬克西米安統帥西羅馬帝國，然後馬上又將他任命為另一個皇帝。這時就有了兩位奧古斯都——戴克里先和馬克西米安，他們各自宣稱自己是朱彼特之子和赫丘力士之子。戴克里先為了要更有效地統治帝國，又為每位奧古斯都任命了一個較為年輕的凱撒，君士坦提烏斯成為馬克西米安的凱撒，加萊里烏斯則是戴克里先的凱撒。四頭統治中的四人分擔了軍隊的指揮權。

羅馬帝國在299年時劃分為104個行省，四分領長官在戰時可以同時進入受威脅的東方和西方地區。305 年，戴克里先和馬克西米安在同一天宣布讓位給兩位年輕的凱撒。但這個體制並未能持續下去，君士坦提烏斯死後，布列塔尼的軍隊便立君士坦提烏斯之子君士坦丁作為唯一的奧古斯都。不久，312年時，君士坦丁終於成為羅馬帝國唯一的君王。

78

古代的結束

羅馬帝國後期的一位君王

這尊在巴勒達（義大利南部）發現的巨型青銅像一手握著地球，另一手舉起基督的十字架。

基督教帝國

君士坦丁皇帝要建立一個新的帝國。據說這位皇帝曾夢見十字架，於是他成為基督徒，離開羅馬，並於330年5月11日創立新城君士坦丁堡。

四頭統治

（斑岩石雕）

兩位奧古斯都和他們的兩位凱撒聯合成兩組，共同拯救帝國。

古代的結束

蠻族的威脅

步兵團的旗手
（三世紀時）
這個士官手持旗標：一
根尖頭長矛，頂端有展
翅的雄鷹，上飾有九枚
圓形軍功章和兩個金
環。

侵略

羅馬帝國從三世紀開始，受到了來自各方的
進攻，蠻族部落越來越肆無忌憚地進犯帝國
的邊境。日耳曼人和法蘭克人跨過萊茵河邊
境入侵高盧，接著又有哥德人和汪達爾人的
威脅。敘利亞的芝諾比女王奪取了埃及的政
權，波斯人進入了羅馬的美索不達米亞地區。
所有的行省都遭受到侵略的蹂躪和叛亂的壓
迫，以及兵荒馬亂的洗劫，許多城市因此變
成廢墟。禍不單行的是，一場瘟疫又奪走了
許多人的生命。

　　戴克里先皇帝（284–305 年）和君士坦
丁皇帝加強了兵力，徵募農民甚至蠻族人充
軍，軍隊多達68個軍團，每個軍團1000人。

古代的結束

270-275 年，奧理略皇
帝下令修建一道環繞羅
馬的城牆。

君士坦丁在邊境上修建新的堡壘，並在「邊
防線」*上駐紮「邊界部隊」（這雖然是特種
部隊，但實力也不過平平）。皇帝為了可以交
叉調動兵力，替自己保留了最精銳的騎兵和
步兵部隊。

　　但是羅馬軍隊的兵力仍不足以抵禦敵
人，皇帝只得徵召蠻族人以及他們的酋長，
將他們送上前線去抵抗那些曾是他們遠祖的
侵略者。羅馬人將這些野蠻人安頓在已經荒
廢了的土地上，讓他們去重新耕作。從此以
後，帝國城鄉的居民都非常害怕這些入侵者，
他們把金銀財寶藏起來，以免財富會遭到他
們的搶奪。

81

古代的結束

帝國的首都

特里夫斯

羅馬由於有蠻族不斷的威脅而失去了作為首都的地位。西羅馬帝國建都特里夫斯，東羅馬帝國的首都則是君士坦丁堡。位於莫色耳河畔的特里夫斯城一世紀後成為一個繁榮的城市，因為處於抵抗蠻族的第一線，所以必須在所有的前哨裡以及斯特拉斯堡和馬耶納的軍營中屯兵戍守。習慣地中海地區生活的軍官和文職官員都會要求來自國內的橄欖油或酒等產品，另外還有一些奢侈品。據詩人奧索尼烏斯說，所有的內地商品都由水路或陸路運到特里夫斯來。

82

古代的結束

君士坦丁堡——新羅馬

君士坦丁皇帝選擇在古老的希臘城市拜占庭附近建立一個新城，並依自己的名字命名為君士坦丁堡，324年正式立為東羅馬帝國的首都。君士坦丁還沒等到工程完工，就先在330年5月11日舉行盛大的登基典禮。新羅馬不像羅馬那樣直接面敵，而且也更為靠近多瑙河邊。君士坦丁堡位處商業要道的有利位置上，便於運送埃及來的小麥，並成為歐亞之間的橋樑。千百年來，這座城市抵禦了所有的侵略。

君士坦丁堡又叫做「新羅馬」或「諸城之女王」，後來又恢復了拜占庭的名字（現稱伊斯坦堡）。

城中建有許多公共浴池、一個廣大的公共廣場和一個車馬競技場。劇場和圓形劇場共可容納兩萬名觀眾。這裡有全帝國最大的公共浴池。皇宮裡包括了宮廷內所有人員使用的建築物、教堂、豪華的大廳和私人住宅，彼此或是用長廊連接，或是用花園相隔。

特里夫斯的黑色城門

「黑色城門」一名源於城牆深暗的顏色。整座城市都為城牆所環繞，並有兩個巨大的城門，「黑色城門」就是在北牆的入口處，因此是「正門」。城門本身便是一個防禦性的堡壘。

83

古代的結束

社會的崩潰

基督徒的石棺
（梵蒂岡博物館）
石棺上的雕塑描繪出羅馬人改信基督教的情形。

君士坦丁改信基督教後，基督教便在整個羅馬帝國發展起來。在高盧，一個來自潘諾尼亞的軍團到鄉村裡去向異教徒傳教，這些士兵燒毀高盧人的神廟，推倒異教的神像。

不幸的農民

三世紀時，蠻族常常越過邊境，但皇帝卻無力使局面恢復安定，這些處於紛亂時代的貧苦百姓便飽受暴力的威脅。284–286 年間，高盧的佃農和牧羊人都拒絕充軍，離鄉出走。高盧各地的農民紛紛起而抵抗。

佃農變成農奴

四世紀時，常要抵抗蠻族的侵略，連綿不斷的戰爭花費龐大，人們無力再負荷沉重的租稅，只好奔走他鄉。王位改採「父傳子」的

古代的結束

方式傳承，希望可以使國家安定下來。佃農從此再也不能離開土地，他們隨著土地被買賣。主人放棄了城市，移居舒適的「別墅」。許多別墅都有中央暖氣設備和浴室，奴僕成群，一派「農家」景象：奴隸在田裡耕作、打鐵、做木工、泥水工以及紡紗織布。許多農民又都恢復蠻族人的身分，因為既然他們必須像奴隸一樣地生活，也就不在乎從羅馬人那兒獲得的那點自由了！

歐茲寶藏中的項鏈

（法國熱爾省）

大約在261年時，一個叫做里波的人在一個坑裡藏了滿滿4袋，共7000個錢幣，上面放著6條項鍊，還有手鍊、耳墜子和寶石等東西。這位與中央統治者有血緣關係的人花了40年工夫才積聚到這筆財富。

軍人皇帝

在三世紀時，軍隊所推選出來的皇帝具有絕對的權力，就像神一樣。四世紀改信基督教後，他們也成為上帝的僕人，身為「世界之主」的他們必須幫助教會讓臣民信奉基督。

古代的結束

考古

考古工作挖掘出各式各樣不同的器物。新發現的資料通常能讓我們對羅馬的歷史有更進一步的認識。

在一個長期進行探察研究的考古遺址中，某些發現是可以期待的。如果是在建築工程中（如停車場、公路）偶然發現一個遺址，就要馬上向地底挖掘，搶救古代文物，城市的建築工程必須暫停，公路建設也要臨時中斷！大家都期待著，大地交給我們隱埋許久的寶藏，會是一座羅馬的建築物、一座燒製陶器的窯，還是一個冶煉工作坊？

考古學家發現一件陶器時，會開始尋求許多問題的解答：這是什麼時候、在什麼地方製作的？是誰製作的？裡面又裝著什麼東西？

經過各種分析，便可獲得答案：陶器的外形可能指示出裡面所裝的內容物，以黏土為材料則表明了生產地……。考古學家為了回答所有的問題，要和許多的專家共同合作來研究。

考古探勘也可能深入海底和湖泊。天氣條件好的時候，還可以利用空中攝影標示出古遺址的位置。

第二十軍團「勝利的女英雄瓦勒利亞」訪問法國！

英國俄明街的街警很喜歡古羅馬的武器裝備，便自行設計並製造了他們的兵械。於是，名為「勝利的女英雄瓦勒利亞」的羅馬第二十軍團便重現在這個世界上了。他們用拉丁文下達「前進！」「雙合！」等的軍事口令。圖中，他們舉起盾牌，組合成龜甲形的掩蔽陣式，進攻時所向無敵。

高盧戰役

亞列西亞（現今黃金海岸的阿利澤－聖蘭村）發現的遺跡，和凱撒所著的《高盧戰役》，幫助了我們對古代生活的想像。考古學家為了要更充分地瞭解過去，重建了那些環繞亞列西亞城堡的城樓、壕溝和陷阱等，我們因此知道古羅馬軍事建築的規模。

幾種拉丁文的表達方式

Qui aime bien, chatie bien.
Si tu veux la paix, prépare la guerre!
La fortune sourit aux audacieux.

愛之深，責之切。
若要和平，就得準備戰爭！
幸運之神總向勇者微笑。

一種羅馬遊戲：擲骰子

87

羅馬人將五顆骰子拋向空中再用手背接住。這種遊戲至今仍很流行。

一種羅馬遊戲：
羅馬共和

誰不想重新體驗一下羅馬人瘋狂驚險的政治鬥爭？如果你想要了解羅馬人政治生活的微妙之處，「羅馬共和」這個遊戲能讓你發現其中所有的奸詐和詭計。透過對當時情況的模擬，每一位參加遊戲者都置身於元老院議員的陰謀中，他們總是在尋找充分的機會去攻擊那些一面要鎮壓反叛一面又要抵禦蠻族的執政官。人民奮起反抗，內戰爆發……，只要羅馬不滅，你就是勝利者！

Descartes出版社，1, rue du colonel Pierre Avia, 75503 Paris cedex 15.

羅馬歷史與漫畫

漫畫《阿斯泰里克斯》的創作者哥欣尼和烏德佐創造出這位漫畫人物，獲得普遍的好評。儘管《凱撒的桂冠》和《羅馬軍團的阿斯泰里克斯》有許多歷史上的錯誤，阿斯泰里克斯還是帶領著我們進入了羅馬的歷史。

雅克·馬丹塑造了一個由高盧人成為羅馬人的人物——阿利克斯，並把羅馬城中的各種人物描繪得栩栩如生。1956年出版的《勇敢的阿利克斯》便是這個系列的第一本。

羅馬人的飲食

一世紀左右的著名大廚師阿比奇烏斯的烹調法在他自己編寫的書中流傳下來，他發明了許多世上最奇怪的菜。

羅馬人喝濃粥或濃湯，烹調諸如黃瓜、花椰菜、甜菜和蘿蔔等的各種蔬菜，也喜歡羔羊肉、小山羊肉和各種家禽。

如果你坐到羅馬人的餐桌前，你一定會對飯菜的香味感到驚訝。大多數烹調時都加上蜜、醋和魚露（一種類似亞洲魚露的調味料），此外還有土茴香、香菜、小茴香和羅勒葉等香料。

夾心紅棗的作法

將去核紅棗與杏仁、松子或胡椒粉包在一起，外面撒上鹽，再沾上蜂蜜油炸。

羅馬人的語言

羅馬人的語言並沒有完全消失，南歐、法國、義大利、西班牙、葡萄牙、羅馬尼亞等地所用的語言都是從羅馬人的語言發展而來的。法文月份的表達方式也承襲自古羅馬人：

一　月：羅馬門神之月
二　月：淨潔之月
三　月：戰神之月
四　月：愛與美之女神之月
五　月：女神梅亞之月
六　月：女神朱諾之月
七　月：儒略‧凱撒之月
八　月：奧古斯都皇帝之月
九　月：從前以三月為一年之始，這是第七個月
十　月：一年的第八個月
十一月：一年的第九個月
十二月：一年的第十個月

你知道這些
用語的意思嗎？

「將事情延到希臘曆的朔日。」（希臘曆中沒有朔日（每月的一號），所以意思就是將某事無限期地延後。）

「從事一項羅馬式的工作。」（意即完成一項偉大的工作。）

「口說的話隨風飄去，寫下來的才得以保留。」也就是「口說無憑，落筆為據。」（古羅馬和我們現在一樣，只有書面寫下來的東西才能作為真憑實據，因為人們常常會忘記自己曾說過的話，就像落葉隨風飄去一般。）

文明

775－600，希臘人在南義大利和西里建立殖民地。

伊特拉士玖人開始擴張。

312，羅馬開闢第一條大道：阿庇安大道（往南至加普亞）。羅馬建設第二條引水道。

264，羅馬舉行第一次格鬥士的格鬥。

240，第一部義丁悲劇。

220，第二座羅馬競技場。

補充知識

公元前753年

公元前700年

公元前600年

公元前500年

公元前400年

公元前300年

公元前200年

90

事件

羅慕勒斯(753－717)建立羅馬城。巴拉丁丘和公共廣場上發現牧羊人的骨灰甕。羅馬成為一座城市。

620－509，伊特拉士坎國王統治羅馬。

509，羅馬共和建立。

343－265，羅馬征服義大利。

264－146，與迦太基人的布匿戰爭*以迦太基城被毀為告終。

134－121，格拉古*兄弟欲將公共土地分給窮人。

公元前100年

70-65，龐貝建成羅馬第一座圓形露天劇場。

43，里昂建立。

43，開始籌建奧斯蒂亞港。

79，維蘇威火山爆發，毀滅龐貝和赫庫蘭尼姆。

一世紀與二世紀時，逐步推動羅馬化，帝國西部行省經濟繁榮。

212，帝國內所有居民都成為羅馬公民。

271-283，羅馬市郊築成一道環城的城牆。

330，君士坦丁皇帝(312-339)將古老的希臘港口拜占庭變為羅馬帝國的新首都，即君士坦丁堡。

391，「異教」遭禁止與迫害。

耶穌·基督

公元100年

公元200年

公元300年

公元400年

公元500年

125-120，征服那爾彭人與盧內邦。

112-29，內戰，凱撒征服高盧(58-52)，44年被刺殺。

屋大維(公元前29-公元14)稱號奧古斯都。

二世紀羅馬「太平時期」的各朝皇帝：諾爾瓦(96-98)，圖拉真(98-117)，哈德良(117-138)，安多諾斯(138-161)，馬克·奧理略(161-180)，塞普提米烏斯·謝維路斯(193-211)。

235-284，面臨三世紀的危機。蠻族越過邊境入侵，整個帝國都受到威脅。

284-395，戴克里先(284-305)改組羅馬帝國。

476，西羅馬帝國最後一位皇帝被廢黜。東羅馬帝國在君士坦丁堡一帶繼續維持至1453年。

91

參考書目

A. Aymard與J. Auboyer,羅馬及其帝國(*Rome et son Empire*), Histoire générale des Civilisations, Presses Universitaires, 6e édition, Paris, 1980.

F. Beck與H. Chew,高盧人成為羅馬人的時候(*Quand les Gaulois étaient Romains*), Réunion des Musées nationaux, Gallimard, Paris.

J. Carcopino,帝國鼎盛時期羅馬人的日常生活(*La vie quotidienne à Rome à l'apogée de l'Empire*), Hachette, Paris, 1939.

J.-M. David,義大利的羅馬化(*La Romanisation de l'Italie*), Aubier, Paris, 1994.

P. M. Duval,羅馬太平時期高盧人的日常生活(*La vie quotidienne en Gaule pendant la paix romaine*), Hachette, Paris, 1952.

R. Étienne,龐貝人的日常生活(*La vie quotidienne à Pompéi*), Hachette, Paris, 1966.

J.-C. Fredouille,羅馬文明辭典(*Dictionnaire de la civilisation romaine*), Larousse, Paris, 1968.

P. Grimal,羅馬文明(*La civilisation romaine*),偉大的文明(*Les grandes civilisations*), Arthaud, Paris, 1962.

P. Grimal,古羅馬的生活(*La vie à Rome dans l'Antiquité*), P.U.F., Que sais-je?, Paris, 1955.

P. Grimal,羅馬的城市(*Les villes romaines*), P. U. F., Que sais-je?, Paris, 1955.

G. Hacquard, J. Dautry與O. Maisani,古羅馬導遊(*Guide romain antique*), Hachette, Paris, 1952.

J. Heurgon,布匿戰爭前的羅馬和地中海西部(*Rome et la Méditerranée occidentale jusqu'aux guerres puniques*), P.U.F., 3e édition rev., Paris, 1993.

J. Le Gall與M. Le Glay,羅馬帝國(*l'Empire romain*), T. I, Le Haut Empire, T. II, P.U.F., Paris, 1987.

C. Nicolet,羅馬與征服地中海世界(*Rome et la conquête du monde méditerranéen*), T. I, Les structures de l'Italie romaine, P.U.F., 5e édition, Paris, 1993.

P. Petit,羅馬太平時期(*La paix romaine*), P. U. F., 3e édition, Paris, 1982.

R. Rémondon,羅馬帝國的危機：從奧理略到阿納斯塔修斯(*La crise de l'Empire romain, de Marc Aurèle à Anastase*), P.U.F., 2e édition, Paris, 1970.

雜誌

歷史卷宗與考古文獻(*Les dossiers de Histoire et archéologie*),

預訂與訂購：Archélogia, B.P. 28, 21121 Fontaine-lès-Dijon.

n°17：圖拉真圓柱(**La colonne trajane**) (1976),
n°21：從凱撒到克羅維斯的比利時(**La Belgique de César à Clovis**) (1977),
n°24：伊特拉士坎人(**Les Étrusques**) (1977),
n°25：希臘人與羅馬人是如何建立的? (**Comment construisaient les Grecs et les Romans?**) (1977),
n°28：古羅馬的青銅製品(**Les bronzes de l'Occident romain**) (1978),
n°29：古代的航海事業(**La navigation dans l'Antiquité**) (1978),
n°31：羅馬的馬賽克鑲嵌畫(**Mosaïques romaines**), 非洲學派的黃金時期(**L'âge d'or de l'École d'Afrique**) (1978),
n°37：大不列顛的羅馬人(**Les Romains en Grande Bretagne**),
n°71：羅馬之港 —— 奧斯蒂亞(**Ostie, port de Rome**),
n°82：危機重重的羅馬(**Rome en péril**),
n°86：羅馬軍隊(**L'armée romaine**),
n°89：羅馬繪畫(**La peinture romaine**),
n°92：凱撒 —— 20世紀的崇拜(**César, vingt siècles de culte**).

補充知識

漫畫

Goscinny與Uderzo,羅馬軍團
的阿斯泰里克斯(*Astérix
légionnaire*), Dargaud, 1967.

Goscinny與Uderzo,凱撒的桂
冠(*Les lauriers de César*),
Dargaud, 1972.

Jacques Martin,消失的軍團
(*Les légions perdues*), Les
aventures d'Alix,
Casterman, 1965.

電影

Mervyn Le Roy,暴君焚城錄
(*Quo Vadis*), 1951.

Mankiewicz,凱撒大帝
(*Jules César*), 1953.

W. Wyler,賓漢(*Benhur*),
1959.

Stanley Kubrick,萬夫莫敵
(*Spartacus*), 1960.

Anthony Mann,大羅馬帝國
(*La chute de l'Empire
romain*), 1963.

博物館

羅浮宮博物館(Musée du
Louvre), 34, quai du Louvre,
75001-Paris.

法國國立古代博物館
(Musée des antiquités
nationales), 78103-Saint-
Germain-en-Laye.

羅馬與高盧・羅馬時期文物的
重要收藏
里昂高盧・羅馬文明博物館
(Lyon: musée de la
civilisation gallo-romaine).

波爾多古代博物館(Bordeaux:
musée d'Aquitaine).

亞維農卡爾維博物館
(Avignon: musée Calvet).

土魯斯聖雷蒙博物館
(Toulouse: musée
Saint-Rémon).

斯特拉斯堡考古博物館
(Strasbourg: musée
archéologique).

其他許多地方：亞耳(Arles),
里昂(Lyon),奧蘭治(Orange),
尼姆(Nîmes), 巴黎(Paris)(呂
戴斯(Lutèce)的圓形劇場與克
呂尼(Cluny)的公共浴池),聖特
(Saintes), 嘉德之橋(le pont
du Gard),嘉拉南(Glanum),
維佐・拉・侯曼(Vaison la
Romaine)……

本詞庫所定義之詞條在正文中以星號(*)標出，以中文筆劃為順序排列。

三　劃

大紅色(Pourpre)
以腓尼基人從某些貝類動物中提取出來的顏料所染成。大紅色用於染製高級官吏、凱旋大將軍和皇帝所穿的衣服。

小時(Heures)
羅馬人用來計算日出到日落間的白天時間。每個季節的白天都分為11個小時，所以冬季的小時比我們的短，夏季的小時比我們的長。

四　劃

元老院(Sénat)
羅馬共和時代最重要的大會，不過它的作用在帝國時代卻大大地削減。凱撒時期共有900位元老。公元前四世紀中葉，平民也可入選元老院。

公共廣場(Forum)
羅馬城居民活動的主要場所。

手抄書卷(Volumen)
卷軸形的書卷，一頁接著一頁地黏接起來。

支隊(Manipule)
羅馬軍團的戰術單位，120名士兵組成一個支隊。

氏族(Gens)
大的貴族家族。

五　劃

卡皮托利尼丘(Capitole)
羅馬的聖丘，上有一座城堡和供奉朱彼特、朱諾與敏娜娃三神的神廟。

（羅馬）古錢(Sesterce)
起初為銀幣，後來用青銅幣，最後則是黃銅幣。重量各有差異。一枚古錢值四阿斯的青銅幣，一枚銀幣值四個古錢，一枚金幣則值二十五枚銀幣。

布匿戰爭(Guerres puniques)
羅馬與迦太基間因經濟利益的衝突引發了三次戰爭（公元前264-241,218-201,148-146年），最後隨著迦太基的滅亡而告終。

白色托加(Toge prétexte)
行政官員和孩子們所穿的鑲有大紅邊飾的長袍。

六　劃

共和時代(République)
王政時代結束（公元前509年）後直到奧古斯都作為元首就職（公元前27年）間的羅馬政治體制。

地方元老院(Curie)
羅馬元老院議員和其他城市元老院議員開會的地方。

守護神(Génie)
從出生到死亡都伴隨著人們的神靈。

有色托加(Toge peinte)
鑲金邊的大紅色長袍。執政官執行公務時、將軍凱旋時以及皇帝與神都穿著這種長袍。

百人團(Centurie)
羅馬軍團中的作戰單位，由百夫長指揮。

百人團民會(Comices centuriates)
根據財富階級，採用軍隊編制法組成的人民大會。他們在練兵場上選出高級官吏並投票通過法律。

行政官員(Magistrats)
行政官員每年選舉一次。他必須先做財政官（凱撒時期共有40位），管理財產，發放士兵的餉金。然後成為市政官(4位)，管理羅馬城中的事務。接著開始成為享有帝權的高級官吏：行政長官（凱撒時期共16位）負責執法斷案；執政官(2位)統御共和政府。監察官(2位)每五年選舉一次，調查登記公民的財產並依此分類，他們還任命元老並監督他們的操守。

七　劃

步兵大隊(Cohorte)
公元前一世紀時，由480名士兵組成的軍事單位。

八　劃

侍從官(Licteurs)
侍從官跟隨行政官員並執行他們的命令。他們手持束棒（在一把斧頭周圍用紅色帶子細束節杖而成）。侍從官在羅馬城內時就不帶斧頭。

長方形會堂(Basilique)
廣闊的長方形大廳，以柱廊分為數個殿。羅馬人在這個可避風雨的地方談論事情以及觀看司法訴訟。

阿基米德(Archimède)
（公元前287-212年）
西那庫斯的希臘學者。

九 劃

帝國(Empire)
公元前24年由奧古斯都創建的政治體制,一直維持到四世紀蠻族入侵時。

帝權(Impérium)
高級官吏所擁有的支配公民的權力,包括對內的司法權和對外的軍事指揮權。

軍團(Légions)
拉丁文字源的原意為「募集」或「挑選」。王政時代的軍團由3000名步兵和300名騎兵組成,公元前三世紀時則是由4200-5000名步兵和300名騎兵所組成。

十 劃

庫里亞民會(Comices curiates)
王政時代的貴族大會,共有十個庫里亞(宗族下更細分的政治團體)。這個大會在共和時代的職責只是授予帝權和宣布法令生效。

格拉古(Gracques)
提比略·格拉古(公元前162-133年)通過土地法,主張將公共土地分給人民。蓋尤斯·格拉古(公元前154-121年)繼續這項政策並試圖重整騎士來反對元老院議員。

馬留斯(Marius)
(公元前157-86年)
農家出身的馬留斯因在西班牙和非洲的輝煌戰績而於公元前107年成為執政官。他曾七次當選為執政官,任內改革軍隊並徵召窮人入伍。

十一 劃

敏娜娃(Minerve)
智慧女神。

被保護者(Clients)
可能是貧窮的公民、外族人或是被解放的奴隸,他們透過誓言及既定的利益與富裕的保護者產生連結關係。

十二 劃

凱撒(César)
(公元前102-44年)
凱撒征服高盧後(公元前58-50年),公元前48年攻陷龐貝,公元前44年3月15日被刺身亡。

象牙椅(Chaise curule)
這種無背平椅起初用象牙製作,後來改用金屬,四腳呈X狀排列,是專為高級官吏所準備的。

貴族(Patriciens)
大戶人家的成員,其家長在王政時代和共和初代在元老院占有席位。

十三 劃

奧古斯都(Auguste)
(公元前63-公元14年)
奧古斯都在義父凱撒遭刺殺後,與安東尼競爭,在亞克興擊潰安東尼(公元前31年7月)。
公元前27年1月,他獲得「奧古斯都」和「第一公民」的稱號。他實行改革後,終生統治著羅馬帝國。

奧理略(Aurélien)
270-275年間的羅馬皇帝,恢復帝國統一,被同時代的人尊奉為神。

十四 劃

圖拉真(Trajan)
(53-117年)
出生於西班牙一位元老院議員的家庭中。

96年成為羅馬皇帝,拓展了帝國的東部疆域。
他擅於執政,在羅馬建造公共廣場並擴建奧斯蒂亞港。

漢尼拔(Hannibal)
(公元前247-183年)
迦太基的首領,兩次在義大利大敗羅馬人(公元前217-216年)。後因兵力困乏,在非洲的札馬被西比奧擊敗(公元前202年)。

十六 劃

錢幣(Monnaie)
羅馬人最初使用的是青銅錠,公元前四世紀鍛鑄了青銅幣,三世紀時則使用銀幣。凱撒於公元前49年率先使用金幣。

十八 劃

雙耳尖底甕(Amphore)
一種長肚尖底的有頸器皿,有兩個大環作為把手,用來貯藏與運送油、酒和魚露。

騎士(Chevaliers)
這些富裕的公民在羅馬共和時代初期須服騎兵役。
他們後來又從事大宗買賣和錢莊的經營。

十九 劃

邊防線(Limes)
邊境上築有防禦工事的兵營,彼此以軍用大道相連,並有一道防線(河流、壕溝或城牆)做為保護。

二十一 劃

護身符(Amulette)
用來預防疾病和死亡。

衿針(Fibule)
青銅或黃金製成的扣環或別針,用來繫住衣服。

小小詞庫

索引

97

一套專為十歲以上青少年設計的百科全書

人類文明小百科

行政院新聞局推介中小學生優良課外讀物

· 充滿神秘色彩的神話從何而來？
· 埃及金字塔埋藏什麼樣的秘密？
· 想一窺浩瀚無垠的宇宙奧秘嗎？

人類文明小百科
為您解答心中的疑惑，開啟新的視野

EN SAVOIR PLUS

人類文明小百科

得獎好書特別推薦

三民叢刊196　寶島曼波　　　　李靜平著　定價180元
行政院新聞局推介中小學生優良課外讀物

木屐是做什麼用的呢？
穿的？嘿！那你就太小看它了唷！
生活在衣食無缺的年代，
你是否少了那麼點想像力呢？
沒關係，讓寶島曼波重新刺激你的神經，
告訴你在爸爸媽媽的童年時代裡，
木屐的各種妙用。
小心！別笑到肚子疼喔！

三民叢刊176　兩極紀實　　　　位夢華著　定價160元
文建會「好書大家讀」1998科學組圖書年度最佳少年兒童讀物

本書收錄作者1982年在南極，
及1991年獨闖北極時寫下的考察隨筆和科學散文，
將親眼所見之動物生態、
風土民情，以及自然景致描繪出來，
帶領你徜徉極地的壯闊之美；
更以關懷角度提出人類與生物、社會與自然、
中國與世界、現在與未來的省思，
是本絕不容錯過的好書。

國家圖書館出版品預行編目資料

羅馬人 / Gilles Feyel, Martine Besnier著;黃天海譯.
－－初版二刷.－－臺北市；三民，2003
　　面；　　公分－－(人類文明小百科)
含索引
譯自：Les Romains
ISBN 957－14－2621－0　(精裝)

1.羅馬帝國－文化

740.225　　　　　　　　　　　　　　86005689

網路書店位址　http://www.sanmin.com.tw

ⓒ　羅　　馬　　人

著作人	Gilles Feyel, Martine Besnier
譯　者	黃天海
發行人	劉振強
著作財產權人	三民書局股份有限公司 臺北市復興北路386號
發行所	三民書局股份有限公司 地址／臺北市復興北路386號 電話／(02)25006600 郵撥／0009998-5
印刷所	三民書局股份有限公司
門市部	復北店／臺北市復興北路386號 重南店／臺北市重慶南路一段61號
初版一刷	1997年8月
初版二刷	2003年6月
編　號	S 04003-1
定　價	新臺幣貳佰伍拾元整

行政院新聞局登記證局版臺業字第〇二〇〇號

有著作權·不准侵害

ISBN　957-14-2621-0　(精裝)